77 Methoden für den aktiven Umgang mit Gedichten

Salome P. Mithra

Verlag an der Ruhr

Impressum

Titel
77 Methoden für den aktiven Umgang mit Gedichten

Autorin
Salome P. Mithra

Titelbildmotiv
© Jay Crihfield – Fotolia.com

Illustrationen
Logos: leicht – schwer © Norbert Höveler;
Teddybär an der Seitenzahl: © blackcurrent – Fotolia.com (ansonsten wie angegeben)

Layout und Satz
Yvonne Behnke und Meike Lorenz, Berlin

Druck
Heenemann GmbH & Co. KG, Berlin, DE

Geeignet für die Klassen 1–4

Unser Beitrag zum Umweltschutz
Wir sind seit 2008 ein ÖKOPROFIT®-Betrieb und setzen uns damit aktiv für den Umweltschutz ein. Das ÖKOPROFIT®-Projekt unterstützt Betriebe dabei, die Umwelt durch nachhaltiges Wirtschaften zu entlasten. Unsere Produkte sind grundsätzlich auf chlorfrei gebleichtes und nach Umweltschutzstandards zertifiziertes Papier gedruckt.

ISBN 978-3-8346-0688-4

Inhaltsverzeichnis

Inhaltsverzeichnis

Vorwort

„Poesie ist wie ein Duft, der sich verflüchtigt und dabei in unserer Seele die Essenz der Schönheit zurücklässt."

Jean Paul

Natürlich wollen wir als Lehrer die Kinder fördern und sie begleiten auf dem Weg zu einem mündigen, kompetenten Menschen. Aber ebenso wichtig erscheint es mir, die Kinder mit dem Zauber der Poesie vertraut zu machen, und diese damit spielen zu lassen. Mit diesen 77 Methoden erhalten Sie verschiedenste Wege der Lyrik-Erschließung. Jede vorgestellte Methode ist aber immer lediglich eine mögliche Variante, wie Sie die Kernidee umsetzen können. Durch vielfältige Herangehensweisen können Sie alle Lerntypen ansprechen, die **Lesemotivation** der Kinder steigern, und die Kinder für die Arbeit mit Gedichten begeistern.

Aufbau des Buches

Das Buch ist in 5 Kapitel unterteilt. Bis auf wenige Ausnahmen im Kapitel „Gedichte schreiben", wird jede Methode mit dem jeweiligen Lernziel, der Klassenstufe, Sozialform, Material und meist auch mit einem Gedichtsbeispiel näher beschrieben.

Jede Methode in diesem Buch lässt sich auf unzählige Arten und Weisen umsetzen.
Da „neue Medien" wie Beamer und interaktive Whiteboards noch nicht flächendeckend in Deutschlands Klassen vorzufinden sind, beziehe ich mich in diesem Buch im Allgemeinen auf den Gebrauch von Overheadprojektoren. Jedoch können diese Methoden natürlich auch besonders gut mit elektronischen Präsentationsmedien durchgeführt werden.
Um Gedichte sinnführend mit den Kindern zu bearbeiten, ist es wichtig, zu überlegen, ob sich eine bestimmte Methode wirklich für ein Gedicht eignet oder nicht. Einige Methoden setzen voraus, dass ein Gedicht eine bestimme Struktur oder ein bestimmtes Merkmal vorweist.
In der Regel können Sie jedoch zu einem Gedicht vielfache Methoden finden, mit welcher Sie es bearbeiten können.
Ich hoffe, Ihnen mit diesem Buch einen schnellen Überblick über 77 verschiedene Methoden geben zu können, mit welchen Sie die Kinder für die Welt der Poesie begeistern können.

Salome P. Mithra

Vorwort

Kapitelübersicht

- **Gedichte lesen und präsentieren** *(ab S. 7)*
  Lesen und Vorlesen sind zentrale Inhalte des Unterrichts. Hierbei geht es zum einen um das gestalterische Lesen sowie um die Informationsgewinnung.
  So sollen hier vor allem Lesen und Vorlesen gestaltet, Lesestrategien angewendet und ein Raum für das Vorlesen geschaffen werden.

- **Zu Gedichten arbeiten**
  (ab S. 21)
  Das Entwickeln von eigenen Meinungen, das Äußern von konstruktiver Kritik, das Argumentieren und Annehmen von Rückmeldungen sind wichtige Kompetenzen, die hier trainiert werden.

- **Gedichte verwandeln**
  (ab S. 41)
  In diesem Kapitel erhalten Sie einige methodische Ideen, in denen ein Gedicht z. B. eine neue Form erhält oder in verschiedenen Weisen – meist schriftlich – umgestaltet wird.
  So werden hier Gedichte erwürfelt, gekürzt, erweitert oder aus einer anderen Perspektive erzählt.

- **Gedichte darstellen – szenisch, akustisch und visuell** *(ab S. 57)*
  Neben dem Malen von Bildern oder dem Erstellen von Collagen und grafischen Umsetzungen lernen die Kinder auch, Gedichte akustisch zu präsentieren, in dem sie z. B. als Bänkelsänger aktiv werden.
  Aber auch beim Spielen von Rollenspielen und der Pantomime lernen die Kinder, sich in die Gedichte hineinzuversetzen und Stimmungen, Beziehungen und Gefühle darzustellen.

- **Gedichte schreiben/ Gedichte-Werkstatt**
  (ab S. 85)
  Hier stelle ich Ihnen kurz einige Gedichtformen vor, welche Sie leicht mit Ihrer Klasse erarbeiten können, und zu denen es den Kindern nicht schwer fällt, selbst Gedichte zu verfassen.

Gedichte lesen und präsentieren

1 Gestaltendes Lesen

Lernziel	gemeinsames Lesen mit Rollen
Klassenstufe	1.–2. Schuljahr
Sozialform	Kleingruppenarbeit
Material	Textvorlagen für jede Gruppe
Geeignet für	viele Gedichte, besonders für Gedichte mit mehreren Sprechern, z. B. „Ausreden in der Schule“ von Georg Bydlinski oder „Käferstreit“ von Irmgard von Faber du Faur

Das bereiten Sie vor

Suchen Sie passende Gedichte aus, die sich am Leistungsniveau der einzelnen Schüler orientieren. Überlegen Sie sich zu jedem Text, wie viele Sprecherrollen (Figuren und Anzahl der Erzähler) es geben soll. Markieren Sie die Rollen im Text, oder schreiben Sie diese auf einen Zettel, den Sie den Schülern als Hilfe dazulegen.

So geht es

Anstelle ein Gedicht „herunterzurattern“, erwecken die Kinder ein Gedicht zum Leben, indem sie den Text in Rollen lesen, flüssig sprechen und eine angebrachte Sprachmelodik einsetzen.
Teilen Sie die Kinder dazu in Gruppen ein. Nachdem die Kinder die Gedichte leise gelesen haben, teilen sie die Sprecherrollen untereinander auf und üben getrennt ihre Verse. Nach dieser kurzen Einzelarbeitsphase proben die Kinder zusammen das gemeinsame und flüssige Vorlesen.
In einer abschließenden Präsentationsphase können die Schüler nun ihre Gedichte den anderen vortragen.

Differenzierung

Die Kinder überlegen gemeinsam, wie einzelne Verse gelesen werden sollten: Stellt die Person eine Frage oder ist die Person traurig, empört etc.?

Variante

Die Kinder können versuchen, zu dem Gedicht eine Pantomime (S. 59) oder eine Szene zu gestalten (S. 62).

Stimmungsvortrag 2

Lernziel	mit verschiedenen Vortragsweisen experimentieren
Klassenstufe	1.–4. Schuljahr
Sozialform	Einzelarbeit, ganze Klasse
Material	Gedichte, Stimmungsbox und Stimmungszettel
Geeignet für	alle Gedichte, z. B. „Der Maulwurf" von Josef Guggenmos

Das bereiten Sie vor

Bereiten Sie eine „Stimmungsbox" vor. Legen Sie einige Zettel mit Gefühlsausdrücken hinein. Sie können der Box ein besonderes Aussehen geben, indem Sie einen Schuhkarton mit Tonkarton verkleiden und mit verschiedenartigen Smileys bemalen. Eine normale Box tut es aber auch.

So geht es

Die Kinder üben zunächst still ein Gedicht zum flüssigen Vorlesen ein. Bevor sie das Gedicht vortragen, ziehen sie einen Zettel aus der Stimmungsbox. Zieht ein Kind den Zettel „verzweifelt", so versucht es, den Text möglichst in dieser Stimmung vorzulesen. Anschließend dürfen die Zuhörer raten, welche Stimmung das Kind darstellen sollte. Dann ist der nächste Gefühlsvortrag an der Reihe.

Differenzierung

Die Kinder lernen das Gedicht zunächst auswendig (S. 11).
Teilen Sie die Kinder in Gruppen auf, in denen die Kinder nacheinander eine Stimmung darstellen.
Lassen Sie je ein Kind Leser und ein anderes Regisseur sein.
Der Leser beginnt, den Text normal vorzulesen.
Ruft der Regisseur dem Leser eine Stimmung zu, versucht dieser, diese sofort umzusetzen.
Lassen Sie die Kinder frei eine Stimmung wählen, die sie verkörpern wollen.

3 Im Chor lesen

Lernziel	Ausdruck und Sprachmelodien erproben
Klassenstufe	1.– 4. Schuljahr
Sozialform	Gruppenarbeit
Material	Textvorlage für jeden Schüler, Plakate, dicke Filzstifte
Geeignet für	alle Gedichte, z. B. „Beim Geschirrtrocknen" von Heinz Janisch

Das bereiten Sie vor

Wählen Sie ein Gedicht, welches sich an dem Vorwissen aller Schüler orientiert.

So geht es

Zunächst lesen die Kinder still die ersten beiden Verse. Erklären Sie ihnen, dass sie diese nun zusammen unter Ihrer Leitung vorlesen werden. Sie stellen den Chorleiter dar. Geben Sie durch Ansagen und Dirigieren den Ausdruck, die Lautstärke und das Sprechtempo vor.
Nun können sich die Kinder in einer Gruppe zusammenfinden und den Text gemeinsam einüben. In jeder Gruppe übernimmt ein Kind (abwechselnd) die Rolle des Dirigenten. Gehen Sie herum, und geben Sie den Kindern Anregungen, welchen Ausdruck sie sprachlich umsetzen sollen, und wie sie die Betonung des Gedichtes verbessern können. Zum Schluss stellt jede Gruppe ihre Ergebnisse vor.

Differenzierung

Teilen Sie die Kinder in leistungshomogene Gruppen auf. Geben Sie schwächeren Gruppen ein Gedicht mit geringerem Umfang und verständlicher Sprache. Leistungsstärkeren Kindern können Sie komplexere Gedichte geben.

Variante

Bereiten Sie für die Gruppen zwei Boxen vor.
In eine Box kommen Stimmungsvorgaben (traurig, wütend, fröhlich), wie der Text gelesen werden soll. In die andere kommen formelle Vortrags-Anweisungen wie „schnell", „langsam", „singend" etc. Die Gruppen können nun einen oder zwei Zettel ziehen und die Anweisungen umsetzen.

Auswendiglernen 4

Lernziel	Gedichte auswendig lernen
Klassenstufe	1.–4. Schuljahr
Sozialform	Einzelarbeit
Material	Gedichtvorlage als Ausdruck für jedes Kind, dicke schwarze Marker
Geeignet für	alle Gedichte, z. B. „Mein Springball" von August Heinrich von Fallersleben

Das bereiten Sie vor

Bereiten Sie die Gedichtvorlagen für die Kinder vor.
Vergrößern Sie den Text dabei so, dass er die ganze Seite füllt.

So geht es

Die Kinder lesen zunächst das ganze Gedicht. Sie überlegen sich ein Wort, das sie im Folgenden mit dem Marker aus dem Text streichen. So wird z. B. das Wort „ist", so oft, wie es im Gedicht vorkommt, gestrichen.
Nun lesen die Kinder das Gedicht laut vor und fügen dabei mündlich die Wörter, welche sie gelöscht haben, wieder ein.
So verfahren die Kinder Wort für Wort, bis alle Wörter gestrichen sind.
Da die Kinder alle Wörter mehrfach lesen und wiederholen, prägen sie sich besonders gut ein.

Variante

Die Kinder schreiben das Gedicht auf einen kleinen Notizzettel. Nun lesen sie das Gedicht mehrfach hintereinander laut vor, dabei experimentieren sie mit verschiedenen Lautstärken, Tonhöhen, Sprachmelodien und Rhythmen.
Sie wiederholen das Gedicht zu verschiedenen Zeitpunkten immer wieder.

5 Poetry Slam

Lernziel	Gedichte präsentieren und bewerten
Klassenstufe	3.–4. Schuljahr
Sozialform	ganze Klasse
Material	Schülertexte
Geeignet für	selbst geschriebene Gedichte und Schülertexte

Hinweis

Ein „Poetry Slam" ist ein moderner Lyrik-Wettstreit, bei dem die Kontrahenten eigene Werke dynamisch vortragen und ein Publikum von ihrem Können überzeugen. In der Regel werden die „Slammer" von ihrem Publikum durch Klatschen oder ein Punktesystem bewertet.

Das bereiten Sie vor

Erarbeiten Sie mit ihren Schülern selbstgeschriebene Gedichte.

So geht es

Die Kinder bereiten eine Bühne und Publikumsplätze vor.
Nun dürfen die Kinder ihre Werke vortragen, dabei sollten sie diese sprachlich und körperlich besonders überzeugend darstellen. Das Publikum gibt jedem Teilnehmer positive Rückmeldung über Applaus.
Anschließend werden die Sieger gekürt. Dabei können Sie verschiedene Talente ehren, z. B. den besten Text, die beste Präsentation, das witzigste Gedicht, den stärksten Einsatz etc.

Varianten

- Die Kinder tragen statt eines selbstverfassten Gedichtes ihr Lieblingsgedicht vor.
- Lassen Sie die Kinder ein Gedicht als Gruppe darbieten.

Tipps

- Üben Sie das Darstellen zunächst mit den Kindern in Kleingruppen, die sich gegenseitig Hinweise zur Verbesserung der Performance geben.
- Laden Sie andere Klassen zu Ihrem Poetry Slam ein.

Vortragspult 6

Lernziel	Gedichte präsentieren, freies Sprechen vor der Klasse
Klassenstufe	1.–4. Schuljahr
Sozialform	ganze Klasse
Material	Notenständer, Stoffe, Bänder
Geeignet für	alle Gedichte

Das bereiten Sie vor

Stellen Sie die Materialien bereit.

So geht es

Gestalten Sie mit den Kindern ein kleines Vortragspult, indem Sie den Notenständer mit Stoffen verkleiden und diese mit den Bändern befestigen. Alternativ können Sie auch ein Pult aus Spanplatten fertigen und dieses verzieren. Nutzen Sie das Vortragspult, um die Kinder vorlesen oder vortragen zu lassen. Dabei dient das Pult den Kindern als „Stützhilfe", hinter dem sie sich etwas „verstecken" können, wenn sie sonst ungern frei im Raum stehen. Lesen die Kinder den Text ab, können die Vorlagen am Notenständer befestigt werden.

Variante

Gestalten Sie ein kleines Podest, indem Sie z. B. eine stabile Holzkiste verkleiden.

7 Präsentationsecke

Lernziel	Gedichte ausstellen und präsentieren
Klassenstufe	1.–4. Schuljahr
Sozialform	ganze Klasse
Material	Gedichtvorlagen, Tonpapier, Papier, Farben und Stifte, Teppich oder Podest, Beleuchtung, evtl. CD-Spieler
Geeignet für	alle Gedichte

Das bereiten Sie vor

Stellen Sie alle Materialien zur Verfügung, die Sie zur Ausgestaltung der Präsentationsecke vorsehen.

So geht es

Die Schüler gestalten zusammen eine Ecke des Raumes zu einer Präsentationsecke um. Legen Sie den Boden dort z. B. mit einem Teppich aus, oder bauen Sie ein kleines Podest. Sorgen Sie zudem für eine besondere Beleuchtung. Hierfür eignen sich die meisten Stehlampen oder Deckenfluter. Die Wände können Sie mit dem Schriftzug „Präsentationsecke“ versehen. Lassen sie hierfür die Kinder große Buchstabenumrisse in DIN A4 ausmalen und ausschneiden. Diese können auf buntes Tonpapier geklebt und knapp unter die Decke gehangen werden.

Die Präsentationsecke kann genutzt werden, um Gedichte vorzulesen, vorzuspielen oder sie an der Wand zu präsentieren. Neben Plakaten und einer Bücherwand können so kleine Dialoge, pantomimische Vorführungen oder auch Knetfiguren und Standbilder in einem besonderen Rahmen präsentiert werden.

Hinweis

Durch die Präsentationsecke können die Kinder schon früh das ungezwungene Präsentieren lernen und das freie Sprechen vor anderen trainieren.

Lassen Sie die Präsentationsecke immer mal wieder von kleinen Schülergruppen zu einem anderen Thema umdekorieren.

Literaturzeitung 8

Lernziel	eine Literaturzeitung zusammenstellen
Klassenstufe	2.–4. Schuljahr
Sozialform	ganze Klasse
Material	DIN-A3-Blätter, Schülertexte, Bunt- und Filzstifte, Klebestifte, Klebestreifen, Lineal, Schere, literarische Texte, Sachtexte etc.
Geeignet für	alle Textsorten

Das bereiten Sie vor

Stellen Sie alle Materialien bereit.

So geht es

Die Kinder schreiben für die Literaturzeitung zu einem bestimmten Gedicht/Text oder Thema Texte, Gedichte, Rezensionen oder Interviews. Die Kinder gestalten dabei das Layout der Zeitung, malen Bilder oder suchen passende Bilder zur Illustrierung der Artikel. Lassen Sie die Kinder diese Texte am Computer verfassen und in mehrere Spalten setzen.

- Lassen Sie die Kinder Gedichte zu einem Text oder Thema schreiben, siehe auch Gedichte-Werkstatt (ab S. 85).
- Veröffentlichen Sie Gedichte-Comics oder Bilderbücher in der Literaturzeitung.
- Lassen Sie die Kinder ihre Lieblingsgedichte veröffentlichen.

Tipp

Stellen Sie die Literaturzeitung auch anderen Klassen zur Verfügung. Sie könnten z. B. mit anderen Klassen einen Austausch beginnen, diese die Zeitung ergänzen lassen oder eine weitere Ausgabe schreiben lassen, welche Sie in Ihrer Klasse ausstellen können.

9 Multimedia-Präsentation

Lernziel	ein Gedicht in einer anderen Darstellungsform präsentieren, Bilder zum Text gestalten und verschiedene Medien nutzen
Klassenstufe	1.–4. Schuljahr
Sozialform	ganze Klasse, Gruppenarbeit
Material	Textvorlage für jedes Kind, PC, Beamer, Digitalkamera, ggf. digitales Diktiergerät, verschiedene Stifte, Wachsmalkreide
Geeignet für	die meisten Gedichte mit viel Handlung, z. B. „Eislauf" von Adolf Holst oder „Sagen ist leichter als Tun" von Josef Guggenmos

Das bereiten Sie vor

Schreiben Sie den Text des Gedichtes mit dem Computer ab.
Drucken Sie alle Verse oder Strophen einzeln aus.

So geht es

Lesen Sie den Kindern das Gedicht vor.
Besprechen Sie mit den Kindern das Gedicht.

Lassen sich einzelne Zeilen, Verse oder Strophen gut als Standbild darstellen?
Finden wir für jede Strophe ein passendes Standbild?

Lassen Sie die Kinder in einer Kleingruppenarbeit das Gedicht gliedern und zu den einzelnen Passagen Standbilder entwickeln. Sind die Gruppen fertig, fotografieren Sie diese in den einzelnen Positionen.

Gibt es Stellen, die sich besser als Zeichnung darstellen lassen?

Diese könnten die Kinder noch zeichnen.
Anschließend werden Bilder und der Text in einer Powerpoint-Präsentation zusammengefügt.
Alternativ geben Sie den Kindern einen Ausdruck ihrer Bilder, sodass sie diese in ein selbstgestaltetes Buch kleben und den Text dazuschreiben können.
Für eine Präsentation mit dem Beamer üben die Kinder das flüssige Vortragen des Gedichtes ein.

Varianten

- Die Kinder nehmen die Geschichte mit dem Diktiergerät auf und legen diese über die Bildpräsentation.
- Statt die Kinder die Szenen fotografieren zu lassen, verteilen Sie die Textpassagen an die Kinder. Alle Kinder bekommen nun die Aufgabe, zu dem vorliegenden Text ein Bild zu malen. Sind alle Bilder fertiggestellt, fotografieren Sie die Bilder und fügen diese der Reihe nach in eine Powerpoint-Präsentation ein.
- Statt einzelner Bilder können die Kinder auch einen Hintergrund sowie die einzelnen Gegenstände und Figuren malen bzw. diese mit Knete oder Spielfiguren darstellen. Nun werden die Figuren auf dem Hintergrund angeordnet, fotografiert, und immer ein Stück weiterbewegt und verändert.

10 Das Lieblingsgedicht

Lernziel	Gedichte bewerten
Klassenstufe	1.–4. Schuljahr
Sozialform	Partnerarbeit
Material	Gedichtbücher, Gedichtvorlagen, Stifte, Bildmaterial, Fotos, Zeitschriften, Internetzugang, Tonpapier, Papier, einen Bilderrahmen etc.
Geeignet für	alle Gedichte

Das bereiten Sie vor

Stellen Sie alle Materialien bereit.

So geht es

Die Kinder bekommen in der Freiarbeit Gelegenheit, zu zweit verschiedene Gedichte zu lesen und sich für ein Lieblingsgedicht zu entscheiden.
Zu diesem gestalten sie ein Plakat, auf welches sie das Gedicht schreiben, malen, Bilder kleben, Informationen zum Dichter festhalten etc.
Sind alle Gruppen fertig, werden die Ergebnisse zunächst in einer Galerie ausgestellt, und die Kinder lesen die Gedichte der anderen und betrachten die Ergebnisse.
In der Präsentationsphase moderieren Sie die einzelnen Gruppen an.
Diese präsentieren ihren Favoriten und stellen ihre Gestaltungen vor.
Anschließend erhält jedes Kind drei Klebepunkte, welche es auf die drei Gedichte klebt, die ihm am besten gefallen. Abschließend werden die Punkte gezählt. Bei Gleichstand findet ein Stechen statt. Steht der Gewinner fest, küren Sie das Lieblingsgedicht der Klasse und hängen dieses in einem besonderen Rahmen auf.

Variante

Die Kinder entscheiden sich in der Partnerarbeit für ihr Lieblingsgedicht.
Anschließend tun sich drei Gruppen zusammen. Diese stellen sich ihre Vorschläge vor und einigen sich auf einen gemeinsamen Favoriten.
Daraufhin tun sich wiederum drei Gruppen zusammen usw.
So wird weiterverfahren, bis nur noch zwei Gruppen miteinander verhandeln.
Nach einer letzten Abstimmung steht das Lieblingsgedicht fest.

Das Gedichtbuch 11

Lernziel	Gedichte sammeln, wertschätzen und Lesemotivation fördern
Klassenstufe	1.–4. Schuljahr
Sozialform	Partnerarbeit
Material	Gedichte, Schüler-Gedichte, einen dicken Ordner
Geeignet für	die meisten Gedichte

Das bereiten Sie vor

Bereiten Sie die benötigten Materialien vor.

So geht es

Sammeln Sie mit Ihren Schülern alle Gedichte, die Teil Ihres Unterrichts waren, in einem Ordner. In diesen Ordner können die Kinder auch weitere Gedichte einheften, entweder, weil sie sie besonders gut finden, weil sie interessant gestaltet sind, oder weil es sich um eine Schülerarbeit handelt.
Auch können Schülerarbeiten zu Gedichten im Ordner gesammelt werden. Lassen Sie die Schüler zu jedem „Kapitel" ein Deckblatt gestalten, welches sie in einer Klarsichthülle abheften. Auf Grund der Klarsichthülle stehen diese etwas weiter über den Rand hinaus und kennzeichnen die einzelnen Abschnitte, wie z. B.: Unsere Lieblingsgedichte, Arbeiten zum Gedicht „Traum" von Josef Guggenmos etc.
Sobald der Ordner zu voll wird, können Sie mit den Kindern festlegen, was diese mit den Arbeiten machen möchten. Wollen sie einfach einen zweiten Ordner hinzunehmen, oder möchten sie die besten Werke und Gedichte zu einem Buch binden, z. B. mit Ringspirale?

Hinweis

Das Gedichtbuch sollte jederzeit allen Kindern zur Verfügung stehen und zum Schmökern einladen. Gestalten Sie daher den Umschlag des Ordners besonders liebevoll.

Variante

Lassen Sie jedes Kind ein eigenes Gedichtbuch führen, in welches die Kinder die Gedichte einkleben können.

12 Gedichtkästen

Lernziel	Kästen zu einem Gedicht passend gestalten
Klassenstufe	1.–4. Schuljahr
Sozialform	ganze Klasse
Material	Gedichte, Schuhkartons, Tonpapier, Geschenkpapier, Papier, Klebstoff, Scheren, Wassermalfarbe, Spielfiguren, Muscheln, Federn etc.
Geeignet für	die meisten Gedichte, z. B. „Warum sich Raben streiten" von Fratz Wittkamp

Das bereiten Sie vor

Bitten Sie die Kinder, viele Kleinigkeiten zum Basteln und Gestalten mitzubringen.

So geht es

Die Kinder bekleben zunächst die Schuhkartons von außen mit Ton- oder Geschenkpapier. Anschließend werden die Themenkästen außen mit dem Titel des Gedichtes und dem Autor gestaltet. In den Schuhkartondeckel schreiben die Kinder das Gedicht. Nun kommen alle Utensilien, die die Kinder mit dem Gedicht verbinden, in den Karton. Die Kinder können zudem Figuren des Gedichtes malen und einfügen. Auch kleine Comics (S. 71) oder Bilderbücher (S. 70) etc. können die Kinder in die Schachteln legen.

Tipps

- Gestalten Sie zusammen mit den Kindern möglichst viele verschiedene Gedichtkästen. Schreiben Sie zu jedem Themenkasten einige Aufgabenkarten, welche die Schüler anregen, sich noch näher mit dem Gedicht zu befassen.
  Beispiel: Schreibe zu dem Gedicht ein Elfchen (S. 86).
  Fasse die Kernaussage des Gedichtes in einem Wort zusammen.
  Die so entstandenen Schülerarbeiten können ebenfalls in die Kästen gelegt werden.
- Damit immer alle Kästen schnell auf Vollständigkeit überprüft werden können, sollten Sie den Inhalt auf einer Materialliste festhalten.

Zu Gedichten arbeiten

Jay Crihfield – Fotolia.com

13 Gedichtvergleich

Lernziel	zwei Gedichte vergleichen
Klassenstufe	3.–4. Schuljahr
Sozialform	Partnerarbeit
Material	Textvorlage für jeden Schüler
Geeignet für	die meisten Gedichte, z. B. „Die Zeit" von Geralt Jatzek und „Die Sanduhr" von Gerri Zotter, Mira Lobe und Renate Welsh

Das bereiten Sie vor

Suchen Sie sich zwei Gedichte zu einem Thema, und bereiten Sie die Vorlagen für die Kinder vor.

So geht es

Geben Sie den Kindern für die Partnerarbeit zwei Gedichte, welche diese sich gegenseitig vorlesen. Die Kinder versuchen nun, für jedes Gedicht zunächst eine Mind-Map zu erstellen, in welche sie das Thema des Gedichtes und andere Merkmale, wie Reimschemata, Strophen und Versanzahl etc. notieren.

Anschließend arbeiten sie Gemeinsamkeiten und Unterschiede der Gedichte heraus, indem sie z. B. alle Gemeinsamkeiten in der gleichen Farbe umranden, und alle Unterschiede in einer anderen Farbe unterstreichen.

Sammeln Sie mit den Kindern im Unterrichtsgespräch die Gemeinsamkeiten und Unterschiede der Gedichte, notieren Sie diese in einer Tabelle.

Variante

Im Anschluss an die Partnerarbeit schließen sich die Kinder zu Kleingruppen zusammen, in welchen sie sich gegenseitig ihre Ergebnisse vorstellen und diese miteinander vergleichen. Lassen Sie jede Kleingruppe ein Plakat erstellen.

Parallelgedicht 14

Lernziel	ein Parallelgedicht zum gleichen Thema schreiben
Klassenstufe	2.–4. Schuljahr
Sozialform	Einzel- oder Partnerarbeit
Material	Textvorlage für jedes Kind, Folie, OHP, wasserlöslicher Stift
Geeignet für	die meisten Gedichte, z. B. „Der Zauberstein" von Roswitha Fröhlich oder „Nimm Entenfedern, Löwenzahn" von Max Kruse

Das bereiten Sie vor

Bereiten Sie die Textvorlagen für die Kinder vor. Schreiben Sie das Gedicht mit einem wasserlöslichen Stift auf die Folie.

So geht es

Verteilen Sie zunächst das Gedicht an die Kinder, welches diese zunächst still lesen. Lassen Sie das Gedicht anschließend laut vorlesen. Im Flüsterton tauschen sich die Kinder über das Thema des Gedichtes aus. Sammeln Sie nach wenigen Minuten die Gedanken der Kinder an der Tafel.
Sagen Sie den Kindern nun, dass sie ein Parallelgedicht dazu schreiben werden, indem sie – passend zum Thema – Wörter und Reime verändern. Geben Sie den Kindern zunächst ein wenig Zeit, sich Gedanken zu machen. Sammeln Sie daraufhin einige Vorschläge.
Legen Sie hierfür die Folie auf den Overheadprojektor, löschen Sie einzelne Wörter und ersetzen Sie diese durch die Vorschläge der Kinder. Sammeln Sie ggf. weitere Wörter und Reime an der Tafel in einem Wörterkasten. Anschließend arbeiten die Kinder alleine oder zu zweit an dem Erstellen eines Parallelgedichtes. Lassen Sie die Kinder ihre Ergebnisse präsentieren.

Differenzierung

Manche Kinder benötigen hierfür mehr Orientierung und Struktur. Bieten Sie für diese ein Lückengedicht (S. 27) an.

Variante

Lassen Sie die Kinder ihre Gedichte ausgestalten und dazu zeichnen. Sammeln Sie die Gedichte im Gedichtbuch (S. 19) der Klasse, und stellen Sie dieses den Kindern als Lesestoff zur Verfügung.

15 Gegengedicht

Lernziel	ein Gedicht parodieren oder eine inhaltlich konträre Aussage geben
Klassenstufe	2.–4. Schuljahr
Sozialform	Einzel- oder Partnerarbeit
Material	Gedicht auf Folie, OHP
Geeignet für	viele Gedichte mit einem konkretem Thema, z. B. „Meeresstille" von J. W. v. Goethe oder „Schnee" von Jürg Schubiger

Das bereiten Sie vor

Bereiten Sie die Folie vor.

So geht es

Tragen Sie zunächst den Kindern das Gedicht vor. Besprechen Sie im Unterrichtsgespräch die Kernaussage und das Thema. Legen Sie erst nach den ersten Äußerungen das Gedicht auf den Overheadprojektor, sodass die Kinder darauf in ihrer Argumentation Bezug nehmen können.
Erklären Sie den Kindern das Konzept eines Gegengedichtes. Dabei wird die äußere Form des Gedichtes beibehalten, aber anders als zum Parallelgedicht (S. 23) wird das Thema entgegengesetzt gewählt oder parodiert dargestellt. Besprechen Sie zunächst einige Möglichkeiten und sammeln Sie die Vorschläge der Themen und der Ausgestaltung an der Tafel.

Was ist das Gegenteil des Themas? Wie können wir dieses darstellen?

Differenzierung

Das Parodieren eines Gedichtes fällt Kindern oft schwer. Leichter ist es jedoch für sie, ein thematisch gegensätzliches Gedicht zu verfassen. Sie können hierfür schwächeren Kindern auch eine Wörtersammlung mit Gegenwörtern (Antonymen) anbieten, an welchen sie sich orientieren können.

Beispiele

Liebe – Hass	*laut – leise*	*Zwerg – Riese*
schnell – langsam	*Sommer – Winter*	*müde – wach*
gut – böse	*schwermütig – glücklich*	*Sonne – Gewitter*

Übersetzung 16

Lernziel	Gedichte in eine andere sprachliche Form übertragen
Klassenstufe	1.–4. Schuljahr
Sozialform	Einzel- oder Partnerarbeit
Material	Textvorlage als Ausdruck für jedes Kind
Geeignet für	Gedichte mit ungewöhnlicher Sprache oder Dialekt, z. B. „Dornresal" von Josef Wittmann oder „Schularbeiten" von Günther Bruno Fuchs

Das bereiten Sie vor

Bereiten sie die Vorlage vor.

So geht es

Tragen Sie den Kindern das Gedicht vor. Anschließend erhalten die Kinder auch den Gedichttext und lesen diesen still durch. Danach sprechen Sie mit den Kindern über die Sprache des Gedichtes.

Ist sie verständlich? Sind unbekannte Begriffe enthalten?
Ist der Inhalt verständlich?

Gehen Sie mit den Kindern im Unterrichtsgespräch diesen Fragen auf die Spur. Anschließend versuchen die Kinder, entweder das Gedicht in eine verständliche Umgangsprache oder einen Dialekt zu übertragen oder in eine Fremdsprache zu übersetzen.
Dabei können die Kinder die Metrik und die Reimschemata vernachlässigen, sie sollten die einzelnen Inhalte jedoch in getrennte Zeilen schreiben.
In einer Präsentationsphase tragen die Kinder ihre Übersetzungen vor.

Variante

Legen Sie den Kindern ein Gedicht in einer Fremdsprache vor. Lassen Sie die Kinder zunächst nach Reimen suchen und diese markieren. Anschließend werden die Silben der einzelnen Zeilen gezählt und Übersetzungsvorschläge gesammelt.
Nun versuchen die Kinder, ein Übersetzungsgedicht zu schreiben, bei welchem sie sich an die vermeintlichen Reimschemata halten und die Silbenanzahl einhalten.

17 Metaphern erklären

Lernziel	Metaphern erklären
Klassenstufe	2.–4. Schuljahr
Sozialform	Partnerarbeit
Material	Textvorlage für jedes Kind, DIN-A4-Papier
Geeignet für	viele Gedichte, z. B. „Enthüllung" von Pat Moon

Das bereiten Sie vor

Bereiten Sie die benötigten Materialien vor.

So geht es

Erklären Sie den Kindern, dass in vielen Gedichten in besonderen Bildern gesprochen wird, um Ereignisse, Gefühle, Stimmungen oder Orte zu beschreiben.

Wofür könnte z. B. der „heulende Wind" ein Bild sein?

Lassen Sie die Kinder nun das Gedicht lesen. In Partnerarbeit suchen sie nach solchen Bildern. Anschließend malen sie diese Bilder, schreiben die Metapher daneben und erklären diese.
Sammeln Sie mit den Kindern die Metaphern des Gedichtes.
Entwickeln Sie noch weitere Bilder.

Hinweis

Mit dem Begriff „Metapher" sind Kinder oftmals nicht vertraut. Versuchen Sie, diesen daher zu umschreiben, z. B. als „Bildsprache" oder „übertragene Bedeutung".

Gedichte mit Lücken 18

Lernziel	Textlücken sinngebend ergänzen
Klassenstufe	1.–4. Schuljahr
Sozialform	Einzel- und Partnerarbeit
Material	Textvorlage für jedes Kind
Geeignet für	die meisten Gedichte, z. B. „Dorfmusik“ von Georg Christian Dieffenbach oder „Gefunden“ von J. W. v. Goethe

Das bereiten Sie vor

Bereiten Sie eine Gedichtvorlage mit Textlücken vor. Sie können dabei einzelne Wörter, Sätze oder Textpassagen aussparen. Durch das Auslassen von bestimmten Wörtern und Passagen können Sie verschiedene Aspekte fördern. Lassen Sie z. B. alle Verben oder Adjektive aus, lenken Sie die Aufmerksamkeit der Schüler auf diese. Ist das Lernziel jedoch darauf abgestimmt, die Kreativität zu fördern, können Sie auch Reimpaare oder Wörter aus verschiedenen Wortarten entfernen.

So geht es

Die Kinder lesen das Lückengedicht zunächst still durch. Fordern Sie die Klasse auf, sich über das Thema und die möglichen Lücken des Gedichtes Gedanken zu machen. *Was fehlt?* Besprechen Sie für die ersten zwei Lücken die Möglichkeiten mit der Klasse gemeinsam. Anschließend versuchen die Kinder in Einzelarbeit, über den Kontext und ggf. das Reimschema die Lücken zu füllen. Dabei können die Kinder ihrer Fantasie freien Lauf lassen. Sobald zwei Kinder fertig sind, treffen sie sich zum Partnergespräch. Die Kinder besprechen ihre Versionen und überlegen, wo und weshalb sich Gemeinsamkeiten oder Unterschiede ergeben haben.
Zudem überlegen sie sich, wie das Gedicht in den verschiedenen Interpretationen wirkt. *Klingt eines düsterer oder fröhlicher?*

Differenzierung

Je nach Leistungsvermögen Ihrer Schüler können Sie verschiedene Schwierigkeitsstufen erzeugen, indem Sie unterschiedlich viele und schwere Elemente auslassen. Als Hilfestellung können Sie den Schülern auch Wörtersammlungen vorgeben, mit denen Sie die Gedichte füllen können.

19 Kommentare einfügen

Lernziel	ein Gedicht mit Kommentaren ergänzen und weiterdenken
Klassenstufe	2.–4. Schuljahr
Sozialform	Partnerarbeit
Material	Textvorlage (DIN A4) als Ausdruck für jeden Schüler
Geeignet für	alle Gedichte, z. B. „Im See" von Adolf Holst

Das bereiten Sie vor

Bereiten Sie die Textvorlagen vor.

So geht es

Die Kinder lesen das Gedicht und besprechen den Inhalt mit ihrem Sitznachbarn.

Gibt es Wörter, die nicht leicht zu verstehen sind (wie Fremdwörter)?

Diese Wörter unterstreichen die Kinder rot und schreiben an den Rand einen Kommentar, in dem sie versuchen, das Wort erklären. Hierfür können die Kinder Informationen aus Lexika etc. zusammentragen. Die Kinder können in Randkommentaren Informationen zum Gedicht darstellen.

Gibt es Reimwörter? Was fällt besonders auf?

Sind die Kinder damit fertig, überlegen sie gemeinsam, ob das Gedicht Leerstellen beinhaltet, welche sie ausschmücken wollen.

An welchen Stellen hätte der Text noch deutlicher sein können?

Mit einem blauen Stift ergänzen die Kinder Adjektive und Adverbien.
Die Kinder können aber auch ganze Verse oder Strophen hinzufügen.
In einer abschließenden Runde können die Kinder ihre Ergebnisse vorstellen. Dabei können sie wählen, ob sie die Kommentare vorlesen oder einzelne neu gestaltete Passagen vortragen.
Wie im angeführten Beispiel können sich aber während der Gruppenarbeit auch diverse Fragen auftun, welche Sie mit den Kindern in einem gemeinsamen Gespräch ansprechen und zu lösen versuchen sollten.

Neue Bildungen, der Natur vorgeschlagen

Der Ochsenspatz (1)
Die Kamelente (2)
Der Regenlöwe (1)
Die Turtelunke (2)
Die Schoßeule (2)
Der Walfischvogel (1)
Die Quallenwanze (2)
Der Gürtelstier (1)
Der Pfauenochs (1)
Der Werfuchs (1)
Die Tagtigall (2)
Der Sägeschwan (1)
Der Süßwassermops (1)
Der Weinpintscher (1)
Das Sturmspiel (3)
Der Eulenwurm (1)
Der Giraffenigel (1)
Das Rhinozepony (3)
Die Gänseschmalzblume (2)
Der Menschenbrotbaum (1)
Der Klassentiger (1)
Das Vampirpferd (3)
Die Chaostruppe (2)

Christian Morgenstern
(1871 – 1914)

Erde - Luft
Erde - Luft / Wasser
Luft - Erde
? - Wasser
? - Luft
Wasser - Luft
Hmmmm ...

Das soll ein Gedicht sein? Das reimt sich doch gar nicht, oder?

Unke ist so was wie eine Kröte.

Nein, aber Gedichte müssen sich ja nicht immer reimen!

Was ist ein Turtel? Kenne nur Turteltauben!

Seht ihr da ein Muster mit Der, Die und Das?

Der = 1
Die = 2
Das = 3
1, 2, 1, 2, 2, 1, 2,
1, 1, 1, 2, 1, 1, 1,
3, 1, 1, 3, 2, 1

Das sind immer Wörter aus zwei Nomen. Säge-Schwan

Nee, sind nicht alles Nomen, süß-Wasser-Mops

?

Süßwasser-Mops sind zwei Wörter!

Nein drei! süß, Wasser, Mops

Was soll die Tagtigall oder dass Rhinozepony sein?

20 Neue Überschrift gesucht

Lernziel	eine neue Überschrift zu einem Gedicht finden
Klassenstufe	1.–4. Schuljahr
Sozialform	Einzel-, Partner- und Gruppenarbeit
Material	Textvorlage für jedes Kind
Geeignet für	alle Gedichte, z. B. „Der Zauberkünstler" von Richard Bletschacker oder „Das kleine Abenteuer" von Manfred Schlüter

Das bereiten Sie vor

Bereiten Sie die Vorlagen für die Kinder vor, entfernen Sie dabei die Überschrift.

So geht es

Tragen Sie den Kindern das Gedicht vor, ohne ihnen die Überschrift zu verraten. Fragen Sie anschließend die Kinder, welche Überschrift das Gedicht haben könnte.

Worum geht es in dem Gedicht? Welche Stimmung gibt es wieder?

Lassen Sie die Kinder zunächst in Einzelarbeit Ideen sammeln. Verteilen Sie hierfür das Gedicht an die Kinder. Diese notieren zunächst ihre Ideen auf der Rückseite. Dann lesen sie diese einem Partner vor. Gemeinsam einigen sich die Kinder auf die vier besten Überschriften.
Anschließend tun sich zwei Gruppen zusammen, stellen ihre Vorschläge vor und einigen sich auf die drei besten Titel. Daraufhin tun sich wiederum zwei Gruppen zusammen und einigen sich auf die besten zwei.
Nun sammeln Sie die Favoriten an der Tafel. Aus diesen Vorschlägen suchen sich die Kinder ihre persönliche Lieblingsüberschrift aus.
Geben Sie abschließend die ursprüngliche Überschrift des Verfassers bekannt.

Weckt sie das Interesse der Leser besser?
Trifft sie den Inhalt?
Oder sind die Überschriften der Klasse vielleicht sogar passender?

Variante

Sammeln Sie die Überschriften an der Tafel.

Fortsetzung folgt 21

Lernziel	die Struktur eines Gedichtes erkennen, und diese fortsetzen
Klassenstufe	2.–4. Schuljahr
Sozialform	Einzel- oder Partnerarbeit
Material	Textvorlage für jedes Kind
Geeignet für	Gedichte mit einfacher Struktur, z. B. „Lied vom Monde" von Paula Dehmel oder „Ohne Zweifel" von Paul Maar

Hinweis
Das Ausgangsgedicht sollte eine einfache, wiederkehrende Struktur aufweisen.

Das bereiten Sie vor

Bereiten Sie die Gedichtvorlage vor.

So geht es

Lesen Sie den Kindern das Gedicht vor. Im Unterrichtsgespräch lenken Sie die Unterhaltung auf die Struktur des Gedichtes.

Welche Inhalte wiederholen sich?
Kehren Rhythmen und Reimschemata wieder?
Können wir das Gedicht nach diesem Muster fortsetzen?

Anschließend besprechen sich die Kinder mit ihrem Sitznachbarn. In der Partnerarbeit überlegen sich die Kinder gemeinsam, wie das Gedicht fortgesetzt werden könnte und verfassen gemeinsam eine oder mehrere Strophen.
Sammeln Sie alle Strophen, und fügen Sie diese zu einem oder mehreren Gedichten zusammen, und stellen Sie diese an Stellwänden in einer Galerie aus oder auf der Homepage Ihrer Schule.

Variante

Lassen Sie die Kinder jeweils nur eine Strophe dazudichten.

22 Ein Gedicht zum Gedicht

Lernziel	Gedicht zu einem Gedicht schreiben
Klassenstufe	2.–4. Schuljahr
Sozialform	Einzel- und Partnerarbeit
Material	Textvorlage für jedes Kind
Geeignet für	alle Gedichte, z. B. „Lob des Ungehorsams" von Franz Fühmann oder „Das Sams – wie ist es?" von Paul Maar

Das bereiten Sie vor

Bereiten Sie die Textvorlage eines Gedichtes für die Schüler vor.
Besprechen Sie mit den Kindern den Aufbau von verschiedenen Gedichtformen. Besonders eignen sich Gedichte, wie z. B. Elfchen, Haiku, Akrostichon und Rondell (ab S. 85).

So geht es

Die Kinder lesen zunächst das ursprüngliche Gedicht, z. B. Goethes „Erlkönig".
Besprechen Sie das Gedicht mit den Kindern, oder lassen Sie diese in Partnerarbeit erarbeiten, worum es für sie in dem Gedicht geht.
Sammeln Sie im Unterrichtsgespräch die Ideen der Kinder.
Erstellen Sie hierfür ggf. ein Cluster an der Tafel.
Anschließend kommen Sie nochmals auf eine gewisse Gedichtform zu sprechen und besprechen wiederholend deren Merkmale. Alternativ können Sie den Kindern aber auch eine Gedichte-Werkstatt auf Karteikarten anbieten.
Fordern Sie die Kinder nun auf, zu dem Gedicht ein Gedicht zu verfassen.
Dabei können sie sich entweder am Inhalt des Gedichtes orientieren, eine Figur näher beschreiben oder die Stimmung festhalten.
Die Ergebnisse der Kinder können Sie z. B. in einer Literaturzeitung (S. 15) oder in der Präsentationsecke (S. 14) sammeln und ausstellen.

Überschriften für Strophen 23

Lernziel	passende Überschriften für Strophen finden
Klassenstufe	1.–4. Schuljahr
Sozialform	Einzel- oder Partnerarbeit
Material	Textvorlage für jeden Schüler, DIN-A3-Papier, Wachsmaler
Geeignet für	viele Gedichte, z. B. „Was die Rose im Winter tut" von Mascha Kaléko

Das bereiten Sie vor

Bereiten Sie die oben genannten Materialien vor.

So geht es

Die Kinder lesen das Gedicht. Für jede Strophe versuchen sie nun, eine passende Überschrift zu finden, welche den Inhalt der Strophe in wenigen Worten zusammenfasst.
Anschließend kommen die Kinder in Kleingruppen zusammen und besprechen ihre Ergebnisse. Sie einigen sich mit den anderen auf jeweils eine Überschrift.
Zusätzlich malen sie zu jeder Strophe ein Bild mit der Überschrift.
Diese Ergebnisse präsentieren sie sich nun im Plenum und hängen ihre Bilder und Überschriften an die Tafel.
In einer Abstimmung werden jeweils das beste Bild und die passendste Überschrift bestimmt.

24 Bi-Sprache nach Ringelnatz

Lernziel	ein Gedicht ent- und verschlüsseln nach Vorlage
Klassenstufe	2.–4. Schuljahr
Sozialform	Einzel- und Partnerarbeit
Material	Textvorlage „Gedicht in Bi-Sprache" von J. Ringelnatz auf Folie, OHP, Gedichtbücher, Schülertexte
Geeignet für	alle Gedichte, auch Schülerarbeiten

Hinweis

Diese Methode orientiert sich an dem Gedicht „Gedicht in Bi-Sprache" von Joachim Ringelnatz. Dabei wird hinter jeden Selbstlaut eine Quatschsilbe eingefügt.

Das bereiten Sie vor

Bereiten Sie die Textvorlage vor.

So geht es

Lesen Sie den Kindern das Gedicht von J. Ringelnatz vor. Die Kinder werden vermutlich zunächst etwas irritiert reagieren. Legen Sie wortlos die Folie auf den Overheadprojektor. Lassen Sie die Kinder einen Moment lang leise für sich rätseln, anschließend dürfen sich die Kinder in Partnerarbeit mit der Lösung des Problems befassen.
Zunächst versuchen die Kinder, das Gedicht zu entschlüsseln. Die Kinder, die fertig mit dem Gedicht sind, können versuchen, in der Verschlüsselung eine Regel zu entdecken. Sind alle Kinder fertig mit der „Übersetzung ins Deutsche", lassen Sie es die Kinder vortragen.

Haben einige Gruppen eine Idee, welche Regel hinter der Verschlüsselung steckt? Wann wird ein „bi" in ein Wort eingefügt?

Falls dies nicht der Fall ist, erarbeiten Sie mit ihnen, dass jeweils ein „bi" auf jeden Selbstlaut folgt. Lassen Sie diese rot unterstreichen.
Nach diesem Muster verschlüsseln und experimentieren die Kinder im Folgenden andere Gedichte. Dabei müssen sie nicht die Silbe „bi" verwenden, sondern können beliebige Quatschsilben einflechten.

Gedicht in Bi-Sprache

Ibich habibebi dibich,
Lobittebi, sobi liebib.
Habist aubich dubi mibich
Liebib? Neibin, vebirgibib.
Nabih obidebir febirn,
Gobitt seibi dibir gubit.
Meibin Hebirz habit gebirn
Abin dibir gebirubiht.

Joachim Ringelnatz
(1883–1934)

25 Wo-und-wie-Cluster

Lernziel	zu Gedichten assoziieren und clustern
Klassenstufe	1.–4. Schuljahr
Sozialform	Einzel- und Partnerarbeit
Material	Gedicht auf Folie, OHP
Geeignet für	die meisten Gedichte, z. B. für „Er ist's" von Eduard Mörike

Das bereiten Sie vor

Bereiten Sie die benötigten Materialien vor.

So geht es

Legen Sie zunächst als stillen Impuls das Gedicht auf den Overheadprojektor.
Die Kinder lesen zunächst still das Gedicht. Tragen Sie es ihnen anschließend stimmungsvoll vor.
Erklären Sie den Kindern nun, was sie im Folgenden tun sollen.
Schreiben Sie den Kindern dies ggf. in Stichpunkten zusätzlich als Orientierung an die Tafel:
Die Kinder schreiben das Gedicht in die Mitte eines Blattes ab.
Daraufhin schreiben sie um das Gedicht herum in Kreise:
„WO?", „WAS?" und „WIE?"
Nun beginnen die Kinder, Orte und Stimmungen, die sie mit dem Gedicht assoziieren, aufzuschreiben.

WAS?
Wind
Wolke
Frühlingsboten
Blumen Knospen
Schmetterling
Sonne
Vögel
Tiere
Blumen

Er ist's

Frühling lässt sein blaues Band
Wieder flattern durch die Lüfte;
Süße, wohlbekannte Düfte
Streifen ahnungsvoll das Land.
Veilchen träumen schon,
Wollen balde kommen.
Horch, von fern ein leiser
Harfenton!
Frühling, ja du bist's!
Dich hab ich vernommen!

Eduard Mörike
(1804 – 1875)

WIE?
bunt
süßlich
warm
hell
sachte

WO?
Natur
draußen
Welt

Fantasiereise zum Gedicht 26

Lernziel	sich in ein Gedicht emotional einfühlen
Klassenstufe	1.–4. Schuljahr
Sozialform	Einzelarbeit
Material	Textvorlage und passende Fantasiereise
Geeignet für	die meisten Gedichte, z. B. „Hexenlied" von Paul Maar

Das bereiten Sie vor

Schreiben sie zu einem Gedicht eine passende Fantasiereise, in der Sie alle Sinne ansprechen:

„Stelle dir vor …", „Wie sieht es dort aus?", „Was riechst/spürst/hörst du?", „Ist es dort hell, dunkel, warm oder kalt?"

So geht es

Tragen Sie den Kindern zunächst das Gedicht vor. Anschließend setzen oder legen sich die Kinder bequem hin und schließen die Augen.
Lesen Sie nun die Fantasiereise vor. Beenden Sie die Reise mit den Worten: „Merke dir jede Einzelheit. Wenn du alle Details in dich aufgesogen hast, begib dich leise an deinen Arbeitsplatz zurück. Schreibe dort jede Einzelheit auf."
Notieren Sie diesen Arbeitsauftrag evtl. auch an der Tafel.
In der Abschlussrunde besprechen Sie die Eindrücke der Kinder.

Varianten

- Kinder der ersten Klasse halten ihre Eindrücke in einem Bild fest und erzählen von ihren Erlebnissen im Sitzkreis.
- Lassen Sie die Kinder die Augen schließen. Tragen Sie nun mit entsprechender Hintergrundsmusik langsam das Gedicht vor. Im Anschluss malen die Kinder Bilder, die ihnen besonders gut im Gedächtnis geblieben sind.

27 Dichter im Schreibgespräch

Lernziel	sich über Gedichte austauschen, Gedichte bewerten und kommentieren
Klassenstufe	2.–4. Schuljahr
Sozialform	Kleingruppenarbeit
Material	Textvorlage für jede Gruppe auf DIN-A3-Papier
Geeignet für	alle Gedichte, z. B. „Gedicht ohne Himbeergedanken" von Susan Keller, aber auch Schülertexte

Das bereiten Sie vor

Schreiben Sie das Gedicht etwas vergrößert in die Mitte eines DIN-A3-Papieres. Kopieren Sie diese Vorlage für jede Gruppe.

So geht es

Die Kinder treffen sich in Kleingruppen zum Schreibgespräch. Zunächst lesen die Kinder das Gedicht. Anschließend unterhalten sich die Kinder darüber, indem sie Kommentare und Anmerkungen an den Rand des Gedichtes schreiben.
Jedes Kind sollte dabei in einer anderen Farbe schreiben. Die Kinder können Reime identifizieren, Metaphern erklären, Verbesserungsvorschläge machen, welche das Gedicht verbessern würden, und über den Inhalt und die Sprachgestaltung diskutieren.
Anschließend besprechen die Kinder, wie ihnen das Schreibgespräch gefallen hat und welche Erkenntnisse sie der Klasse vorstellen möchten.
Nicht jeder Kommentar zum Gedicht muss dem Plenum bekannt gemacht werden.
Besprechen Sie das Gedicht anschließend mit der ganzen Klasse, und hängen Sie die Gespräche an der Wand aus.

Interviewen 28

Lernziel	ein Interview vorbereiten, durchführen und auswerten
Klassenstufe	3.–4. Schuljahr
Sozialform	Partner- und Gruppenarbeit
Material	Textvorlage als Ausdruck für jedes Kind, Aufnahmegeräte
Geeignet für	alle Gedichte, z. B. „Herr von Ribbeck auf Ribbeck im Havelland" von Th. Fontane

Das bereiten Sie vor

Bereiten Sie die Texte sowie die Aufnahmegeräte für die Schüler vor.

So geht es

Besprechen Sie zunächst mit den Kindern ein Gedicht. Sprechen Sie zudem mit ihnen über den Verfasser und die Zeit, in der es entstand. Diese Aspekte können sich die Kinder zum Teil auch selbst erarbeiten, z. B. über die Recherche im Internet oder Kinder-Lexika.
Geben Sie ihnen nun den Auftrag, sich einen Interviewbogen mit einem Partner zu erarbeiten. Sammeln Sie die unterschiedlichen Bögen ein, lassen Sie diese in Kleingruppen auswerten und verbessern, indem Aspekte und Fragen ergänzt bzw. genauer ausformuliert werden. Daraufhin tauschen sich die Gruppen untereinander aus.
Im nächsten Schritt interviewen die Partner Freunde, Eltern, Verwandte und Bekannte zu dem Gedicht. Hierzu können sie schriftlich Notizen sammeln oder diese mit einem Aufnahmegerät aufzeichnen.
Lassen Sie den Kindern Zeit, ihre Ergebnisse so aufzubereiten (Plakate, Hörbeispiele etc.), dass sie diese präsentieren und ausstellen können.
Stellen Sie die Ergebnisse der Einheit in einer Galerie zusammen, die Sie z. B. auch am Elternabend zeigen können.

Variante

Geben Sie den Kindern einen Fragebogen vor.

29 Brief an den Dichter

Lernziel	mit dem Verfasser in Kontakt treten
Klassenstufe	1.–4. Schuljahr
Sozialform	Einzelarbeit
Material	Textvorlage für jedes Kind, Briefpapier, Briefumschläge etc.
Geeignet für	längere Unterrichtseinheiten zu Gedichten

Das bereiten Sie vor

Stellen Sie die Materialien bereit.

So geht es

Wenn Sie viele Gedichte eines Verfassers mit der Klasse gelesen haben oder ein größeres Projekt zu einem Gedicht veranstaltet haben, können Sie mit Ihrer Klasse einen Brief an den Autoren schicken.
Lassen Sie alle Kinder einen Brief schreiben, indem Sie beschreiben, was ihnen an den Gedichten besonders gefällt, welches Gedicht ihr Lieblingsgedicht ist und was sie in der Klasse alles mit den Gedichten gemacht haben.
Auch Schülerarbeiten wie ein Parallelgedicht (S. 23) können die Kinder an die Briefe anfügen.
Die Kinder können dem Verfasser natürlich auch Fragen stellen.
Am besten schicken Sie die Briefe an den Verlag des Dichters. Dort werden oftmals die Briefe gesammelt und an den Urheber weitergeleitet. Sie können sich hierüber aber auch zunächst beim jeweiligen Verlag informieren.
Die Kinder können die Briefe auch am Computer schreiben und als E-Mail versenden.

Gedichte verwandeln

© Jay Crihfield – Fotolia.com

30 Reime erkennen und tauschen

Lernziel	einen Handlungsverlauf in Bildern umsetzen
Klassenstufe	2.–4. Schuljahr
Sozialform	Partnerarbeit
Material	Textvorlage für jedes Kind, DIN-A4-Papier
Geeignet für	alle Gedichte, z. B. „Irgendwo in der Welt“ von Paul Maar

Hinweis

Erarbeiten Sie mit den Kindern über die Jahre eigene Reim-Wörterbücher, in welchen die Kinder Reimwörter sammeln können und sich von diesen während der Arbeit mit Gedichten inspirieren lassen können.

Das bereiten Sie vor

Bereiten Sie die benötigten Materialien vor.

So geht es

Lassen Sie die Kinder das Gedicht zunächst still lesen. Erklären Sie den Kindern, dass Sie ihnen das Gedicht nun vorlesen werden, und immer, wenn die Kinder ein Wort hören, das sich auf ein anderes reimt, sollen sie sich melden. Währenddessen sollen die Kinder die Augen schließen.
Nun lesen Sie das Gedicht zweimal vor. Beim zweiten Mal stoppen Sie nach jedem Reim, und fragen ein Kind, welche Reimwörter es gehört hat.
In Einzelarbeit unterstreichen die Kinder alle zusammengehörigen Reimwörter in der gleichen Farbe. Anschließend können die Kinder Reimwörter tauschen oder eigene Reimwörter erfinden.
Zum Schluss schreiben die Kinder das Gedicht ab oder präsentieren es ihrem Sitznachbarn.

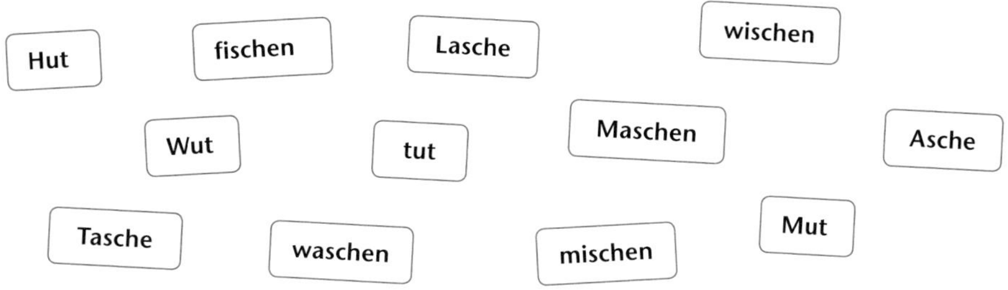

Gestückelte Gedichte 31

Lernziel	Gedichte sinngebend ordnen
Klassenstufe	1.–4. Schuljahr
Sozialform	Einzel- und Partnerarbeit
Material	Gestückelte Textvorlage als Ausdruck für jedes Kind
Geeignet für	die meisten Gedichte, z. B. „Im Kahn" von Josef Guggenmos oder „November" von Heinrich Seidel

Das bereiten Sie vor

Bereiten Sie eine Kopiervorlage vor, indem Sie ein Gedicht in Verse, einzelne Zeilen oder Strophen aufgliedern und auseinanderschneiden. Anschließend kleben Sie alle Bruchstücke durcheinander auf die Vorlage. Vergrößern Sie die Gedichtsvorlage mindestens auf eine Papiergröße von A3. Kopieren Sie diese für jede Gruppe.

So geht es

Die Kinder lesen zunächst still die Bruchstücke und unterhalten sich kurz über die mögliche Reihenfolge. Anschließend wird das Gedicht zerschnitten und in die richtige Reihenfolge gebracht. Dabei diskutieren die Kinder diese mit ihrem Partner und begründen ihre Meinungen mit Reimschemata, Sinnfolge und Rhythmus.
Anschließend können Sie mit den Kindern im Sitzhalbkreis die Ergebnisse vorstellen und diskutieren.

Differenzierung

Geben Sie den Kindern die Reimstruktur als Hilfe vor. Bereiten Sie hierfür einige Hilfe-Briefumschläge vor.

Je kleinschrittiger Sie ein Gedicht stückeln, desto schwieriger ist es für die Kinder, dieses zu sortieren.

Variante

Kleben Sie das Gedicht auf die Rückseite eines Bildes und zerschneiden Sie es in die einzelnen Strophen oder Verse. Wenn das Gedicht wieder zusammengepuzzelt wurde, können die Kinder ihre Antwort überprüfen, indem sie die Puzzleteile wenden.

32 Gedichte entflechten

Lernziel	Gedichtsgeflechte sinngebend trennen
Klassenstufe	2.–4. Schuljahr
Sozialform	Einzel- oder Partnerarbeit
Material	Gestückelte Textvorlage als Ausdruck für jedes Kind
Geeignet für	alle Gedichte, z. B. „Die armen kleinen Drachen" von James Krüss, „Geh in den Garten raus" von Robert Gernhardt oder „Elfenreigen" von Maria Stona

Das bereiten Sie vor

Bereiten Sie eine Kopiervorlage vor, indem Sie zwei Gedichte in Abschnitte/Verse/Strophen gliedern und auseinanderschneiden. Anschließend kleben Sie alle Bruchstücke durcheinander, aber aufeinanderfolgend, auf die Vorlage und kopieren diese für jedes Kind.

So geht es

Die Kinder erhalten das Gedichtgeflecht und lesen dieses still für sich. Dann überlegen sie sich in Einzelarbeit, welche Abschnitte es geben könnte, welche Texte zu dem einen oder anderem Gedicht gehören und in welcher Reihenfolge diese zusammengefügt werden müssen, sodass zwei getrennte Gedichte entstehen.
Die Kinder gliedern das Geflecht zunächst mit Trennstrichen, schneiden die Abschnitte auseinander und versuchen, die Gedichte in ihre ursprüngliche Form zu bringen. Hat ein Kind die Aufgabe gelöst, kommt es an die Tafel und schreibt seinen Namen auf. Das nächste Kind, das fertig wird, streicht den Namen des ersten Kindes durch und lädt dieses zu einem Partnergespräch ein. Auf diese Weise verfahren auch die weiteren Kinder.
Im Partnergespräch vergleichen die Kinder ihre Ergebnisse.

Haben sie die Gedichte gleich strukturiert, oder gibt es Unterschiede?

Dabei begründen die Schüler jeweils ihre eigene Variante. Abschließend können Sie im Unterrichtsgespräch die einzelnen Varianten vorstellen lassen und die Originalversion vorlesen.

Differenzierung

- Je kleinschrittiger ein Gedicht von Ihnen auseinandergenommen wird, umso schwieriger ist die Aufgabe für die Kinder. Zerteilen sie die Gedichte lediglich in die einzelnen Strophen, so wird diese Aufgabe einfacher. So können Sie den Kindern ohne großen Aufwand 3 Schwierigkeitsstufen anbieten.
- Entscheiden Sie sich für ein ähnliches Thema, ist die Aufgabe schwieriger zu lösen, als wenn die Themen unterschiedlich sind.

33 Gedichte erwürfeln

Lernziel	Gedichte erwürfeln
Klassenstufe	2.–4. Schuljahr
Sozialform	Partner- oder Kleingruppenarbeit
Material	Gestückelte Textvorlage als Ausdruck und jeweils zwei Würfel pro Gruppe, Schere, Kleber
Geeignet für	alle Gedichte

Das bereiten Sie vor

Bereiten Sie eine Kopiervorlage vor, indem Sie zwei bis drei Gedichte zum selben Thema in Abschnitte/Verse/Strophen gliedern und auseinanderschneiden. Kleben Sie die einzelnen Abschnitte auf ein Papier, nummerieren Sie die Bruchstücke von 2 bis 12 durch. Dabei sollten sich die Nummern wenigstens 2-mal doppeln. Kopieren Sie diese Vorlage für jede Gruppe.

So geht es

Die Kinder schneiden zunächst die einzelnen Bruchstücke auseinander. Nun wird reihum gewürfelt. Jedes Kind nimmt sich immer einen Abschnitt mit der jeweils gewürfelten Nummer. Sind diese bereits alle vergeben, ist das nächste Kind an der Reihe. Abschließend kleben die Kinder ihre erwürfelten Gedichte in der zufälligen Reihenfolge auf oder versuchen im Gespräch, die stimmigste Variante zu finden.
Anschließend können die Kinder auch noch eigene Verse einschieben und neu schreiben und umdichten.

Variante

Geben Sie den Kindern zunächst ein Lückengedicht (S. 27) vor, bei welchem Sie einige Reimwörter weggelassen haben. Zunächst ist die Aufgabe der Kinder, zu jeder Lücke sechs passende Reimwörter zu finden und diese durchzunummerieren. Anschließend erwürfelt sich jedes Kind seine eigenen Reime für sein Lückengedicht.
Lassen Sie die Kinder selbst eine Vorlage zum Erwürfeln erstellen.

Umstellung 34

Lernziel	den Aufbau eines Gedichtes verändern
Klassenstufe	3.–4. Schuljahr
Sozialform	Einzel- oder Partnerarbeit
Material	Textvorlage für jedes Kind
Geeignet für	v. a. Balladen

Das bereiten Sie vor

Bereiten Sie die Textvorlagen für die Schüler vor.

So geht es

Die Kinder lesen das Gedicht. Besprechen Sie den Inhalt, die Handlungen und die Wirkung des Gedichtes mit den Kindern.
Fordern Sie die Kinder auf, Satzteile oder Strophen umzustellen.
Dafür dürfen die Kinder das Gedicht zerschneiden und umgestellt zusammenkleben.
Anschließend dürfen einzelne Kinder ihre Gedichte vortragen.
Nun sollen die Kinder beschreiben, wie sich die Umstellung auf die Stimmung und die Logik des Gedichtes auswirkt.
Anschließend erstellt jedes Kind für sein Gedicht eine Tabelle, in die es seine Erkenntnisse einträgt.

	Originaltext	**Mein Gedicht**
Stimmung/Wirkung		
Logik		
Aussage		
…		

35 Aus zwei Gedichten wird eins

Lernziel	Gedichte zusammensetzen
Klassenstufe	3.–4. Schuljahr
Sozialform	Einzel- und Partnerarbeit
Material	zwei Gedichtvorlagen als Ausdruck für jedes Kind
Geeignet für	die meisten Gedichte, z. B. „Es spukt" von Wilhelm Busch oder „Mein Monster" von Gerald Jatzek

Das bereiten Sie vor

Bereiten sie zwei Gedichte als Textvorlage vor.

So geht es

Die Kinder erstellen ein Schüttelgedicht, indem sie aus zwei oder mehr Gedichten eins erstellen.
Zunächst lesen die Kinder beide Gedichte und überlegen sich, wie sie die Wörter und Verse so in das andere Gedicht einbauen könnten, dass ein möglichst homogener neuer Text entsteht.
Dann besprechen sie ihr Ergebnis mit ihrem Sitznachbarn.
Die Kinder helfen sich gegenseitig, den Text noch flüssiger zu gestalten.
Anschließend findet eine Präsentationsrunde statt.

Differenzierung

Die Aufgabe fällt den Kindern leichter, wenn die Gedichte zu einem Themenkreis gehören.

Varianten

- Die Kinder zerschneiden beide Gedichte in einzelne Zeilen, durchmischen diese (blind) und kleben nacheinander eine Zeile nach der anderen auf ein Blatt. Anschließend tragen sie das Ergebnis ihrem Sitznachbarn vor.
- Wenn die Kinder verschiedene Gedichtvorlagen verarbeiten, können ihre Ergebnisse anderen Schülern als Grundlage zum Entflechten der Gedichte (S. 44) dienen.

Reduzieren und Erweitern 36

Lernziel	ein Gedicht aus einer anderen Perspektive erzählen
Klassenstufe	1.–4. Schuljahr
Sozialform	Einzel- und Partnerarbeit
Material	Textvorlage für jedes Kind
Geeignet für	alle Gedichte, z. B. „Ein Irrtum“ von Paul Maar oder „Weihnachtsgedicht“ von Paul Maar

Das bereiten Sie vor

Bereiten Sie die benötigten Materialien vor.

So geht es

Besprechen Sie mit den Kindern das Gedicht.

Was ist die Hauptaussage des Gedichtes?
Gibt es Wörter, die für die Aussage des Gedichtes überflüssig sind?
Welche Wörter sind hingegen wichtig und müssen erhalten bleiben?

Die Kinder arbeiten alleine oder mit ihrem Sitznachbarn. Gemeinsam suchen sie nach Wörtern und Passagen, welche sie streichen wollen. Haben die Kinder das Gedicht bearbeitet, schreiben sie ihr Gedicht neu auf. Anschließend stellen sie sich in Kleingruppen ihre Versionen vor. Besprechen Sie mit den Kindern exemplarisch an einem Schülertext die Folgen der Kürzungen.

Ist das Gedicht noch gut vortragbar?
Was passiert mit dem Sprechrhythmus und den Reimschemata?

Arbeiten Sie mit dem reduzierten Gedicht weiter, und lassen Sie dieses von den Kindern wieder ausschmücken. Geben Sie ihnen jedoch den Auftrag, die Stimmung des Gedichtes zu verändern. So soll z. B. aus einem fröhlichen Gedicht ein düsteres werden.

37 Aus Lyrik wird …

Lernziel	ein Gedicht in eine andere Textsorte umwandeln
Klassenstufe	2.–4. Schuljahr
Sozialform	Einzel- und Partnerarbeit
Material	Textvorlage für jedes Kind
Geeignet für	alle Gedichte, z. B. „Das Faultier" von Paul Maar, aber auch für „konkrete Poesie"

Das bereiten Sie vor

Bereiten Sie die Textvorlage eines Textes für die Schüler vor.

So geht es

Die Kinder lesen zunächst das Gedicht und besprechen in Partnerarbeit, worum es für sie in dem Gedicht geht. Sammeln Sie im Unterrichtsgespräch die Ideen der Kinder. Erstellen Sie hierfür ggf. ein Cluster an der Tafel.
Die Kinder sollen nun den Inhalt des Gedichtes in eine andere Textsorte verwandeln.

Beispiele

Die Kinder …

- erzählen die Handlungen des Gedichtes nach.
- schreiben eine Kurzgeschichte mit der Gedichthandlung.
- sammeln ihre Gedanken in einer Mind-Map.
- schreiben ein Theaterstück zum Gedicht.
- schreiben einen Werbetext für das Gedicht.
- entwickeln eine Bildergeschichte.

Die Ergebnisse der Kinder können Sie z. B. in einer Literaturzeitung (S. 15) oder in der Präsentationsecke (S. 14) sammeln und ausstellen.

Gedicht in Geschichte einbetten

Lernziel	zu einem Gedicht eine Geschichte erfinden
Klassenstufe	2.–4. Schuljahr
Sozialform	Einzelarbeit
Material	verschiedene Gedichte
Geeignet für	alle Gedichte, z. B. „Ausreden in der Schule" von Georg Bydlinski

Das bereiten Sie vor

Bereiten Sie die benötigten Materialien vor.

So geht es

Lesen Sie mit den Kindern das Gedicht. Geben Sie den Kindern den Auftrag, das Gedicht ganz oder teilweise in eine Geschichte einzubauen, welche diese sich ausdenken sollen.
Überlegen Sie zunächst mit den Kindern, wie dies geschehen könnte. Sammeln Sie die Vorschläge an der Tafel.

Liest jemand in der Geschichte das Gedicht vor?
Lässt es sich auf eine andere Art und Weise in die Geschichte einbauen?

Das Gedicht sollte in jedem Fall einen Bezug zur restlichen Geschichte haben und bedeutungstragend sein.
Besprechen Sie daher zunächst auch die Stimmung, das Thema des Gedichtes und die Bedeutung mit den Kindern.
Die Kinder können entweder alleine oder zu zweit an der Entwicklung einer Geschichte arbeiten.
Lassen Sie die Kinder ihre Geschichte vor der Klasse vortragen.
Veröffentlichen Sie das Gedicht und die Geschichten z. B. in der Literaturzeitung (S. 15), oder sammeln Sie die Geschichten im Gedichte-Buch der Klasse (S. 19).

39 Den Blickwinkel ändern

Lernziel	ein Gedicht aus einer anderen Perspektive erzählen
Klassenstufe	2.–4. Schuljahr
Sozialform	Einzel- und Partnerarbeit
Material	Textvorlage für jedes Kind
Geeignet für	Balladen, z. B. „Der Zauberlehrling" von J. W. v. Goethe

Das bereiten Sie vor

Bereiten Sie die Texte für die Schüler vor.
Diese Aufgabe ist für jüngere und schwächere Schüler oft sehr anspruchsvoll, daher benötigen sie hierbei mehr Hilfestellung und Unterstützung.

So geht es

Lesen Sie mit den Kindern das Gedicht. Überlegen Sie gemeinsam mit ihnen, wer diese Geschichte auch hätte erzählen können.

Hätte eine andere Person/ein Tier/ein Gegenstand die Ereignisse genauso erzählt, oder hätte er die Begebenheit anders aufgefasst und erzählt?

Notieren Sie einige mögliche Figuren und Blickwinkel auf die Situation.
Lassen Sie die Kinder nun eine Passage des Textes aus einer anderen Perspektive schreiben. Dabei müssen die Texte der Kinder nicht in Gedichtform erzählt werden.
Lassen Sie anschließend einige Schülertexte vorlesen.

Differenzierung

Schreiben Sie für schwächere Schüler einen Textanfang vor.
Oder schreiben Sie einen Text vor und lassen dabei einzelne Passagen oder Wörter aus.

Fordern Sie die Kinder auf, den Text in Versform zu schreiben.

Variante

Sie können nicht nur den Blickwinkel, aus dem Geschichten erzählt werden, ändern. Lassen Sie z. B. die Figuren an anderen Schauplätzen oder in einer anderen Zeit auftauchen.

Innerer Monolog 40

Lernziel	Monolog einer literarischen Figur verfassen
Klassenstufe	3.–4. Schuljahr
Sozialform	Einzelarbeit
Material	Textvorlage für jedes Kind
Geeignet für	viele Gedichte und Balladen, z. B. „Der Zauberlehrling" von J. W. v. Goethe

Das bereiten Sie vor

Bereiten Sie für jedes Kind eine Textvorlage vor.

So geht es

Die Kinder lesen zunächst die Ballade/das Gedicht. Besprechen Sie diese/s mit den Kindern. Im Anschluss überlegen sich die Kinder, welcher Figur sie eine Stimme verleihen wollen.

Welche Gedanken dieser Figur wollen die Kinder übermitteln?

Vermitteln Sie den Kindern, dass sie sich in die Rolle dieser Figur hineinfinden sollen. Fordern Sie die Kinder auf, die Gedanken der Figur in Gedankenblasen zu schreiben.

Welche Probleme, Sorgen oder Freuden hat die Figur?
Worüber denkt die Figur nach?

Differenzierung

Geben Sie mehrere Satzanfänge vor, aus denen sich die Schüler einen aussuchen können. So fällt es Schülern oftmals leichter, ihren eigenen Schreibfluss zu finden. Geben Sie jedoch nicht vor, dass einer der Satzanfänge benutzt werden muss. Anderen Schülern fällt das Schreiben durch eine solche Vorgabe um einiges schwerer.

Variante

Besonders gut eignet sich auch das Schreiben eines Briefes der Figur an jemand anderen oder ein Tagebucheintrag.

41 Figuren stellen sich vor

Lernziel	Figuren des Gedichtes vorstellen
Klassenstufe	1.–4. Schuljahr
Sozialform	Einzelarbeit
Material	Textvorlage für jedes Kind
Geeignet für	Balladen, Moritaten und andere Gedichte, z. B. „Max und Moritz“ von Wilhelm Busch

Das bereiten Sie vor

Bereiten Sie die Vorlagen für jedes Kind vor.

So geht es

Verwenden Sie ein Gedicht, an dem Sie bereits mit der Klasse gearbeitet haben. Lesen Sie es ggf. erneut mit den Kindern. Besprechen Sie es anschließend im Sitzhalbkreis vor der Tafel.

Welche Figuren kamen im Text vor? Was wissen wir über diese Figuren?

Sammeln Sie die Aussagen an der Tafel. Anschließend werden die Kinder aufgefordert, sich für eine Figur zu entscheiden, welche sie vorstellen möchten.
Nun untersuchen die Kinder das Gedicht genauer und unterstreichen alle Stellen im Text, die Informationen über diese Figur liefern. Anschließend fertigen die Kinder einen Steckbrief zu der jeweiligen Figur an. Sammeln Sie die Ergebnisse z. B. in der Präsentationsecke (S. 14).

Differenzierung

Schüler der ersten Klasse können zunächst ein Bild der Figur malen und den Text in Stichworten unter die Figur schreiben.

Die Kinder schreiben die Vorstellung aus der „Ich-Perspektive“. Das ist schwerer, weil die Kinder dabei die Perspektive wechseln müssen.

Variante

Lassen Sie die Kinder eine ihrer Lieblingsfiguren vorstellen.

Gedichträtsel 42

Lernziel	Gedichte in Rätsel verwandeln und diese lösen
Klassenstufe	2.–4. Schuljahr
Sozialform	Einzel- oder Partnerarbeit
Material	Textvorlagen als Ausdruck für jedes Kind, Papier, Rätselbeispiele
Geeignet für	alle Gedichte, z. B. „Kennst du's?" von Ortfried Pörsel

Das bereiten Sie vor

Suchen Sie für je eine Zweiergruppe ein Gedicht als Vorlage heraus.
Bereiten Sie die Materialien vor.

So geht es

Die Kinder gestalten für ihre Mitschüler Rätsel.
Bringen Sie hierfür verschiedene Rätsel-Formate mit, an denen sich die Kinder orientieren können.

Gut eignen sich:

- Silbenrätsel
- Kreuzworträtsel
- Suchsel
- Fragespiele
- Bilderrätsel

Besprechen Sie mit den Kindern zunächst die unterschiedlichen Rätselformate. Anschließend verteilen Sie an jede Zweiergruppe ein Gedicht, zu dem sich diese ein Rätsel für ihre Mitschüler ausdenken. Lassen Sie auch eine Lösung von den Kindern herstellen.
Kopieren Sie die Rätsel, oder laminieren Sie diese zusammen mit dem jeweiligen Gedicht. So entsteht eine Gedichte-Rätselkartei, mit der die Kinder in der Freiarbeit arbeiten können.

Variante

Stellen Sie den Kindern ein oder zwei Gedichträtsel vor, wie z. B. Ortfried Pörsels „Kennst du's?", und lassen Sie die Kinder eigene Rätsel entwickeln.

43 Spiele erfinden

Lernziel	Ein Gedicht in eine neue Form umfunktionieren und ein passendes Spiel erfinden
Klassenstufe	1.–4. Schuljahr
Sozialform	Kleingruppenarbeit
Material	Textvorlage für jedes Kind, Tonpapier, Papier, Stifte, Spielfiguren, Würfel, Schere
Geeignet für	eignet sich besonders für Balladen und „Max und Moritz" von Wilhelm Busch

Das bereiten Sie vor

Bereiten Sie die Gedichte und Materialien vor.

So geht es

Die Kinder finden sich in Kleingruppen zusammen und denken sich ein Spiel zum Text aus. Eignet sich der Text besser für ein Reime-Quiz, ein Brettspiel, Kartenspiel oder Würfelspiel?

Nachdem die Kinder sich für eine Spielform (z. B. „Tabu®") entschieden haben, beginnen sie damit, sich die Spielregeln, den Spielplan und die Aktionskarten auszudenken. Dabei suchen Sie zunächst nach Schlüsselwörtern aus dem Gedicht, welche im Spiel umschrieben und anschließend erraten werden sollen. Je nachdem, wie schwierig sie das Spiel gestalten wollen, können die Kinder auf die Aktionskarte „Max" z. B. auch die Begriffe: Moritz, Hauptfigur etc. notieren. Diese dürften dann nicht in der Umschreibung genannt werden.

Nachdem alle Materialien schön ausgestaltet sind und die Kinder eine Spielanleitung geschrieben haben, dürfen sie zunächst selbst ihr Spiel ausprobieren und letzte Änderungen vornehmen.

In einer anschließenden Spielphase können die Kinder unterschiedliche Spiele der anderen Gruppen testen.

Tipp

Auch Bilderrätsel, Karten-, Würfel- oder Quizspiele lassen sich leicht von den Kindern entwickeln und spielen.

Am einfachsten ist es, wenn sie von einem ihnen bekannten Spiel die Regeln und Aktionen auf das Gedicht übertragen.

Gedichte darstellen – szenisch, akustisch und visuell

44 Standbilder

Lernziel	ein Gedicht als Standbild darstellen
Klassenstufe	1.–4. Schuljahr
Sozialform	Kleingruppenarbeit
Material	Textvorlage für jedes Kind
Geeignet für	viele Gedichte, z. B. „Die kleine, freche Maus" von Josef Guggenmos oder „Große Pause" von Siggi Gsell

Das bereiten Sie vor

Bereiten die Textvorlage für die Kinder vor. Die Textvorlage sollte entweder eine klare Aussage oder Stimmung vermitteln.

So geht es

Lassen Sie die Kinder zunächst leise das Gedicht sprechen.
Sammeln Sie im Unterrichtsgespräch erste Eindrücke der Kinder.

Worum geht es?
Woran erinnert es die Kinder? Welche Stimmung wird erzeugt?
Gibt es eine zentrale Aussage oder Handlung?

Anschließend finden sich die Kinder in kleinen Gruppen zusammen und überlegen sich, wie sie das Gedicht als Standbild umsetzen möchten.
Nun üben die Kinder das Standbild ein. Ein Kind agiert als Regisseur und bringt die Mitschüler in die entsprechende Position.
In der Präsentationsphase stellen die Gruppen nacheinander ihr Standbild vor. Die übrigen Kinder sollen sich nun überlegen, welche Textszene die Kinder darstellen. Sie äußern ihre Vermutungen und begründen diese. Abschließend erklärt die Kleingruppe die Bedeutung ihres Standbildes.

Tipp

Fotografieren Sie die einzelnen Standbilder, und lassen Sie die Kinder zu einem anderen Zeitpunkt eine Geschichte zu diesem Standbild erfinden.

Variante

Lassen Sie die Kinder die Beziehung zwischen den Figuren, ein Gefühl oder das Thema des Textes durch ein Standbild darstellen.

Pantomime 45

Lernziel	ein Gedicht pantomimisch darstellen
Klassenstufe	1.–4. Schuljahr
Sozialform	Gruppenarbeit
Material	Textvorlage für jede Gruppe.
Geeignet für	viele Gedichte, z. B. „Große Pause“ von Siggi Gsell oder „Die kleine, freche Maus“ von Josef Guggenmos

Das bereiten Sie vor

Bereiten Sie die Gedichte für die Gruppenarbeit vor.

So geht es

Die Kinder lesen das Gedicht zunächst still.
Fordern Sie die Kinder auf, zu überlegen, wie sie die einzelnen Verse pantomimisch umsetzen könnten. In der Gruppenarbeit besprechen die Kinder ihre Ideen, verteilen die Rollen und spielen das Gedicht durch. Dabei übernimmt abwechselnd immer ein Kind die Rolle des Vorlesers. Während ein Kind das Gedicht langsam vorträgt, bewegen sich die übrigen Kinder passend dazu. Fordern Sie die Kinder auf, mit viel Mimik und großen Gesten zu arbeiten.
In der Präsentationsphase demonstrieren die Kinder, was sie erarbeitet haben. Anschließend erläutern die Zuschauer, was sie beobachten konnten, welche Figuren die Kinder dargestellt haben und welche Gefühle und Gedanken die Kinder darstellen.

Varianten

- Die Kinder stellen pantomimisch
  … die Botschaft des Gedichtes dar,
  … die Emotionen einer Figur dar,
  … das Verhältnis zweier Figuren dar.
- Die Kinder stellen pantomimisch ein allen bekanntes Gedicht dar. Die anderen Kinder erraten, welches Gedicht präsentiert wurde und begründen dabei ihre Aussage.
- Die Kinder stellen ein Standbild (S. 58) dar.

46 Figuren im Interview

Lernziel	über die Figuren eines Gedichtes nachdenken und in ihre Rollen schlüpfen
Klassenstufe	3.–4. Schuljahr
Sozialform	Partnerarbeit
Material	Textvorlage, Papier und Stifte, Videogerät oder Diktiergerät
Geeignet für	v. a. Balladen, aber auch Gedichte wie „Was denkt die Maus am Donnerstag" von Josef Guggenmos

Das bereiten Sie vor

Stellen Sie die oben genannten Materialien vor.

So geht es

Die Kinder lesen sich zunächst das Gedicht oder die Ballade leise durch.
In Zweiergruppen beschäftigen sich die Kinder nochmals näher damit und lesen sich den Text wiederum vor. Regen Sie die Kinder an, sich mit den Geschehnissen und den Figuren auseinanderzusetzten und zu überlegen, weshalb die Figuren so handeln, wie sie es tun.

Worum geht es in dem Gedicht? Was geschah zuvor oder danach?

Nachdem die Kinder ihre Meinungen ausgetauscht haben, überlegen sie gemeinsam, welche Figur sie interviewen wollen würden, und was diese auf die Fragen antworten würde. Die Fragen notieren sie auf einem Blatt Papier.
Nun übernimmt ein Kind die Rolle der Figur und das zweite Kind die des Moderators. Alle Gruppen üben das Interview ein paar Minuten lang ein.
Sobald sich eine Gruppe in ihrer Darstellung sicher fühlt, können Sie diese mit dem Videorekorder oder dem Diktiergerät aufnehmen.
Stellen Sie in einer anderen Stunde die Ergebnisse der Gruppen vor.
Achten Sie hierbei auf den Respekt der Kinder gegenüber den Darstellungen der anderen und auf ein positives sowie konstruktives Feedback.

Hinweis

Sie müssen die Interviews nicht unbedingt aufnehmen, jedoch können Sie die Interviews so leicht für Präsentationen nutzen, und den Kindern die Aufnahme zur Selbstreflexion vorspielen.

Zu Gedichten agieren 47

Lernziel	einen Handlungsverlauf in Handlungen umsetzen
Klassenstufe	2.–4. Schuljahr
Sozialform	Einzelarbeit
Material	Textvorlage für jedes Kind, Wollfäden/Kordel
Geeignet für	Gedichte, die eine konkrete Handlung beschreiben, z. B. „Der Faden" von Josef Guggenmos

Das bereiten Sie vor

Bereiten Sie die oben genannten Materialien vor.

So geht es

Lesen sie den Kindern das Gedicht vor. Sprechen Sie mit den Kindern über den Text, z. B.: *„Könnt ihr euch vorstellen, wie die Handlungen durchgeführt werden?", „Wie sieht der Faden in den einzelnen Situationen aus?"*

Verteilen Sie die Texte (sowie im konkreten Fall des Guggenmos-Gedichtes ca. 50 cm lange Wollfäden) an die Kinder. Lassen Sie diese nun kurz experimentieren. Lesen Sie dann das Gedicht vor und lassen Sie die Kinder zu jeder Strophe die beschriebenen Handlungen ausführen (in diesem Fall: den Faden legen). Anschließend wiederholen Sie dies. Jedoch halten Sie nach jeder Strophe inne, und lassen die Kinder eine Zeichnung (des Fadens) neben die Strophen malen. Anschließend treffen sich die Kinder in Kleingruppen und betrachten die Bilder der anderen.

Gibt es unterschiedliche Möglichkeiten, die dargestellten Handlungen zu malen? Oder sehen alle Bilder gleich aus?

Zusammen entwickeln die Kinder weitere Ideen.

Varianten

- Die Kinder kleben den Faden in jeder Position auf und gestalten damit ein Bilderbuch (S. 70).
- Die Kinder überlegen sich noch weitere Strophen und lassen diese von ihrem Sitznachbarn gestalten.
- Die Kinder legen weitere Fadenbilder und überlegen sich in Kleingruppen passende Texte.

48 Theater- oder Rollenspiel

Lernziel	ein Gedicht szenisch darstellen
Klassenstufe	1.–4. Schuljahr
Sozialform	Partner- oder Kleingruppenarbeit
Material	Textvorlagen für jede Kleingruppe, Beleuchtung, Kartons, Pappe, Stifte, Tonkarton, Wolle, Schaschlikspieße, Stoffreste etc.
Geeignet für	viele Gedichte und Balladen, z. B. „Das Faultier" von Paul Maar oder „Max und Moritz" von Wilhelm Busch

Das bereiten Sie vor

Entscheiden Sie sich für ein Theater-, ein Schattentheater-, ein Stab-, Hand- oder Fingerpuppenspiel.

So geht es

Die Kinder entscheiden sich für ein Gedicht, das sie umsetzen wollen (z. B. in einem Stabpuppenspiel). Zunächst überlegen sie sich, welche Stabpuppen sie benötigen und wie das Hintergrundbild gestaltet werden sollte. Anschließend basteln und malen die Kinder die benötigten Figuren und Requisiten. Nach der Herstellungsphase experimentieren die Kinder, wie sie das Gedicht am besten vorstellen können.

Gibt es die Möglichkeit, die verschiedenen Figuren sprechen zu lassen?
Oder trägt besser ein Erzähler das Gedicht vor?

Wenn die Kinder möchten, können sie das Gedicht in ein Theaterstück umwandeln – mit ausführlicher wörtlicher Rede und mehr Handlung. So können die Kinder auch eine weitere Episode zum Gedicht schreiben und spielen. Lassen Sie den Gruppen ausreichend Zeit, um ihr „Theaterspiel" einzuüben. Anschließend präsentieren die Gruppen ihre Ergebnisse.

Varianten

- Lassen Sie die Kinder, statt frei zu sprechen, zunächst ein Skript für das Theaterspiel schreiben, in dem die Handlung und der Text der einzelnen Figuren festgehalten wird.
- Fordern Sie die Kinder auf, eine Textstelle spontan als Rollenspiel nachzuspielen. Dabei dürfen die Darsteller frei improvisieren.

Hörspiel 49

Lernziel	ein Gedicht mit Sprache und Hintergrundgeräuschen ausgestalten
Klassenstufe	2.–4. Schuljahr
Sozialform	Kleingruppenarbeit
Material	Textvorlage für jedes Kind, Instrumente und Materialien zur Erzeugung von Hintergrundgeräuschen, Aufnahmegeräte, ggf. ein weiterer Raum/Flur (Tonstudio)
Geeignet für	viele Gedichte und Balladen, z. B. „Die Bremer Stadtmusikanten" von Manfred Hausmann

Das bereiten Sie vor

Stellen Sie alle Materialien bereit.

So geht es

Die Kinder werden zunächst in Gruppen aufgeteilt. Jede Gruppe erhält das Gedicht. Zunächst lesen Sie dieses und überlegen, ob es die Möglichkeit gibt, das Gedicht in verschiedene Sprecherrollen aufzuteilen.
Die Kinder teilen unter sich die Rollen auf und lesen das Gedicht laut in Rollen vor. Nun überlegen die Kinder, wie die Hintergrundgeräusche zu den einzelnen Passagen des Gedichtes aussehen sollten.

Welche Handlungen können gut mit Geräuschen hinterlegt werden, und wie?

Die Kinder experimentieren zunächst ein wenig. Anschließend werden der gelesene Text und die Geräusche miteinander kombiniert. Wenn die Gruppe entscheidet, dass sie gut vorbereitet ist, wird das Hörspiel aufgenommen.

Hinweis

Als Instrumente für Hintergrundgeräusche können alte Zeitungen und Dosen genauso dienen wie das Orff-Instrumentarium.

Variante

Sie können auch mit einer ganzen Klasse gemeinsam einen Text vertonen. Hierbei gibt es Sprecherrollen und Schüler, welche die Ausgestaltung der Hintergrundgeräusche übernehmen, wie z. B. das Erzeugen von Wind.

50 Gedichte vertonen

Lernziel	Gedichte musikalisch umsetzen
Klassenstufe	1.–4. Schuljahr
Sozialform	Gruppenarbeit
Material	Textvorlage für jedes Kind, Zeitungspapier, Flaschen, Instrumente (Orff-Instrumente, Kazoos, Boomwackers®)
Geeignet für	Gedichte, in denen die Handlungen lautmalerisch beschrieben werden, z. B. „Heut singt der Salamanderchor" von Robert Gernhardt oder „Es spukt" von Wilhelm Busch

Das bereiten Sie vor

Stellen Sie alle Materialien zur Verfügung.
Wenn möglich, verteilen Sie die Gruppen auf unterschiedliche Räume, damit alle ungestört proben können. Geben Sie jeder Gruppe ein anderes Gedicht. So entsteht weniger Konkurrenz zwischen den Gruppen und mehr Respekt und Akzeptanz vor dem Tun der anderen.

So geht es

Die Kinder treffen sich in den Gruppen, lesen gemeinsam ihr Gedicht und besprechen den Inhalt. Zunächst klären sie, welche Stellen sie vertonen möchten und kennzeichnen diese, indem sie diese Stellen unterstreichen. Dann versuchen sie, diese Geräusche in der Experimentierphase zu erzeugen.

Mit welchen Utensilien lassen sich die verschiedenen Klänge produzieren?

Haben die Kinder sich für eine Erzeugungsart entschlossen, wird diese neben der Textstelle vermerkt. Anschließend wird ein Vorleser bestimmt, der den Text vorträgt, zu dem die übrigen Kinder die Hintergrundgeräusche erzeugen. In der Präsentationsphase tragen die Gruppen zunächst ihre Beiträge vor und geben sich im Anschluss ein Feedback.

Varianten

- Lassen Sie die Kinder eine passende Hintergrundmusik (CD-Player) zum Vorlesen von Gedichten finden, welche den Textinhalt widerspiegelt bzw. unterstreicht.
- Lassen Sie die Kinder ein Gedicht ausschließlich durch Geräusche erzählen.

Liedermacher 51

Lernziel	Gedichte in Lieder umschreiben
Klassenstufe	3.–4. Schuljahr
Sozialform	Kleingruppenarbeit
Material	für jede Gruppe eine Textvorlage und ggf. Instrumente
Geeignet für	viele Gedichte im besonderen Balladen, z. B. „Mondnacht" von Joseph von Eichendorff oder „Wenn der Bär nach Hause kommt" von Frantz Wittkamp

Das bereiten Sie vor

Bereiten Sie einige Textvorlagen vor.

So geht es

Stellen Sie der gesamten Klasse kurz die verschieden Gedichte vor. In der Kleingruppenarbeit lesen sich die Kinder die Gedichte vor und einigen sich, welches der Gedichte sie zu einem Lied umschreiben wollen. Nun finden sie zu dem bestehenden Text eine Melodie oder komponieren diese selbst. Geben Sie den Kindern dazu ausreichend Zeit. Lassen Sie die Ergebnisse aufschreiben und präsentieren.

Oft ist es erstaunlich, zu welchen Ergebnissen die Kinder kommen, wenn sie im Prozess angeleitet werden, aber dennoch genug Freiraum bekommen, um ihren Ideen freien Lauf zu lassen.

Tipp

Nicht jedes Kind singt gerne und steht gerne im Mittelpunkt. Für diese Kinder ist es besonders angenehm, wenn sie die übrigen Kinder musikalisch z. B. mit Orff-Instrumenten begleiten können.

Differenzierung

Wenn diese Aufgabe zu schwierig für eine Gruppe ist, können Sie ihr anbieten, den Text mit reiner Musik zu hinterlegen und durch sprachliche Gestaltung stimmungsvoll zu präsentieren.

Variante

Die Gedichte können als Sprechgesang gerappt (S. 68) werden.

52 Bänkelsänger

Lernziel	einen Handlungsverlauf in Bilder umsetzen, Gedicht präsentieren
Klassenstufe	3.–4. Schuljahr
Sozialform	Gruppenarbeit
Material	Textvorlage für jedes Kind, DIN-A3-Papier, Karton/Pappe, Wachsmalstifte, Kleber (ggf. Musikanlage, CDs mit Hintergrundmusik)
Geeignet für	Gedichte mir einer längeren Handlung, Balladen, z. B. „Ballade" von Ernst Moritz Arndt, „Erlkönig" und „Der Zauberlehrling" von J. W. v. Goethe

Hinweis

Bänkelsänger zogen seit dem Mittelalter bis ins 19. Jh. durch die Länder und stellten ihrem Publikum Nachrichten und dramatische Geschichten vor. Damit sie sich auf den Marktplätzen besser Gehör verschaffen konnten, stellten sie sich auf eine Holzbank, wenn sie ihre Geschichten vortrugen. Die Erzählungen wurden durch große Tafeln illustriert, auf denen mehrere Bilder zu sehen waren, auf welche der Bänkelsänger währenddessen zeigte.

Das bereiten Sie vor

Bereiten Sie die benötigten Materialien vor.

So geht es

Erzählen Sie den Kindern zunächst von der Tradition der alten Bänkelsänger. Zeigen Sie ggf. einen Auftritt eines solchen, z. B. im Internet.
Nun verteilen Sie das Gedicht an die Schüler. Lassen Sie die Kinder in Gruppen arbeiten. Die Kinder besprechen zunächst die wichtigsten Szenen, zu denen Sie eine Zeichnung anfertigen wollen und verteilen diese auf die einzelnen Gruppenmitglieder.
Die Kinder können entweder einen Bänkelsänger bestimmen oder das Gedicht/die Ballade gemeinsam darbieten. Hierzu sprechen die Kinder mit ernster, fester Stimme.
Erreichen Sie dabei eine bestimmte Stelle, zeigt einer von ihnen auf das entsprechende Bild oder hält dieses hoch. Dies üben die Gruppen zunächst einige Male.
Abschließend präsentieren die Kinder ihre Ergebnisse den anderen Gruppen.

Tipp

Leiten Sie die Kinder an, sehr groß und deutlich zu malen – mit vielen Farben und klaren Umrandungen, damit die Bilder auf die Entfernung beim Vortrag besser zur Geltung kommen.

Varianten

- Kombinieren Sie diese Bilder mit dem Vertonen der Gedichte (S. 64). Nehmen Sie die Hintergeräusche und den Text ggf. mit einem Aufnahmegerät auf.
- Nehmen Sie die Präsentationen mit einer Videokamera auf.
- Wenn ein Erzähler den Text vorträgt oder die Kinder sich strophenweise abwechseln, dann können sie sich auch eine Sprachgesang-Melodie ausdenken.

53 Rap oder Sprechgesang

Lernziel	Sprechrhythmen erfassen und musikalisch ausgestalten
Klassenstufe	2.–4. Schuljahr
Sozialform	Partnerarbeit
Material	Textvorlage für jedes Kind, DIN-A4-Papier, ggf. Instrumente (Chickenegg, Keyboard etc.)
Geeignet für	die meisten Gedichte, z. B. „Er ist's" von Eduard Mörike, „Fünfter sein" von Ernst Jandl, „Große Pause" von Siggi Gsell oder „Die Ameisen" von Joachim Ringelnatz

Das bereiten Sie vor

Bereiten Sie die benötigten Materialien vor.

So geht es

Erklären Sie ihren Schülern, dass fast jedes Gedicht einen ganz speziellen Sprechrhythmus hat, den sich auch Rapper zu Nutze machen.
Lesen sie mit den Kindern zunächst das Gedicht. Nehmen Sie sich nun die erste Strophe vor. Versuchen Sie gemeinsam, den Sprechrhythmus herauszuarbeiten. Visualisieren Sie diesen ggf. an der Tafel.
Unterstützen Sie das Sprechen durch Klatschen, sodass die Sprechpausen in ihrer Länge überschaubar werden.
Sprechen Sie so gemeinsam alle Strophen. Ist der Rhythmus verinnerlicht, können Sie die Kinder in kleinere Gruppen aufteilen (Sprechen mit verschiedenen Rollen). Wiederholen Sie dies in verschiedenen Tempi/Stimmungen. Das Klatschen des Sprechrhythmus kann nun durch einen neuen Rhythmus ersetzt werden. Erarbeiten Sie mit den Kindern Rhythmen und Begleitmelodien gemeinsam. Diese werden anschließend von kleinen Gruppen übernommen, die sie immer wieder durchmischen können.

Hinweis

Für den musikalischen Background können Sie folgende Elemente verwenden:
Rhythmus: Körperinstrumente (klatschen, stampfen, schnipsen etc.), Bongos, Klangstäbe, Chickenegg etc.
Melodie/Akkorde: Metallofon, Glockenspiel, Kazoo, Keyboard, Boomwackers®

Im Streichholz-Format 54

Lernziel	Strophen durch Bilder umsetzen
Klassenstufe	2.–4. Schuljahr
Sozialform	Einzelarbeit
Material	Textvorlagen für jedes Kind, Papier, viele Streichholzschachteln, Schere, Klebestift, Fineliner
Geeignet für	die meisten Gedichte (mit mehreren, kurzen Strophen), z. B. „Käferstreit" von Irmgard von Faber du Faur

Das bereiten Sie vor

Diese Methode lässt sich gut in der Freiarbeit umsetzen. Stellen Sie den Kindern eine größere Anzahl an Gedichten zur Verfügung. So können die Kinder ihre Ergebnisse den anderen für die Freiarbeit als Lesestoff zur Verfügung stellen.

So geht es

Die Kinder suchen sich zunächst ein Gedicht aus, zu dem sie arbeiten möchten, und lesen es. Anschließend markieren sie auf einem Blatt einen Rahmen für jede Strophe in der Größe der Streichholzschachteln.
In jeden Rahmen schreiben die Kinder mit einem Fineliner den Text einer Strophe. Diese Rahmen werden ausgeschnitten und auf jeweils eine Streichholzschachtel geklebt. Nun können die Kinder zu jeder Strophe ein kleines Bild malen und diese in die jeweilige Schachtel legen. Anschließend präsentieren die Kinder ihre Ergebnisse einem Mitschüler.
Arbeiten die Kinder in freien Lesezeiten mit den gestalteten Schachteln, können diese zunächst rätseln, in welcher Reihenfolge sie die Schachteln lesen müssten, damit diese mit dem Original des Dichters übereinstimmt. Anschließend können sie diese mit der ursprünglichen Fassung vergleichen. Die einzelnen Bilder zu den Strophen erhöhen dabei zusätzlich die Lesemotivation.

Variante

Die Kinder kleben Bilder auf die Schachteln und schreiben den Text hinein.

55 Bilderbücher gestalten

Lernziel	eine Handlung verstehen und in eine andere Visualisierungsform übertragen
Klassenstufe	1.–2. Schuljahr
Sozialform	Einzel- oder Kleingruppenarbeit
Material	Gedichtvorlage als Ausdruck für jedes Kind, verschiedene Bilderbücher, Wachsmalstifte, Buntstifte, Wasserfarben, DIN-A5-Papier, Tonpapier (DIN A5), Tacker
Geeignet für	viele Gedichte und Balladen, z. B. „Die Bohne" von J. Guggenmos oder „Der Tintenfisch Augustus" von James Krüss

Das bereiten Sie vor

Stellen Sie alle Materialien zur Verfügung.
Lassen Sie die Kinder zunächst in Bilderbüchern schmökern. Arbeiten Sie dann die Merkmale von Bilderbüchern mit den Kindern heraus: geringe Wortanzahl, große und farbenfrohe Bilder, große Schrift, robuste Machart etc.

So geht es

Die Kinder lesen das Gedicht und besprechen danach den Inhalt in Kleingruppen.

In welche Abschnitte wollen sie das Gedicht aufteilen – Strophen oder Verse?

Haben sich die Kleingruppen geeinigt, welche Abschnitte sie wählen wollen und wie diese in einem Bild dargestellt werden könnten, übernimmt jedes Kind die Verantwortung für ein bis vier Bilder und zeichnet diese. Nun malen die Kinder zunächst die Bilder.

Den Bilderbuchtext schreiben oder kleben die Kinder ordentlich auf die Bilder oder auf die Rückseite des vorangehenden Bildes. Sind alle Einzelteile vollendet, werden die Bücher zu einem Ganzen zusammengefügt und mit einem Tacker zusammengeheftet.
Stellen Sie die Bilderbücher in die Leseecke, wo die Kinder sich diese jederzeit zum Schmökern nehmen können.

Die Welt des Comics 56

Lernziel	Lesemotivation fördern und Bilder zum Text malen
Klassenstufe	2.–4. Schuljahr
Sozialform	Einzel- und Partnerarbeit
Material	Gedicht auf Folie, OHP, Zeichenvorlage für jedes Kind.
Geeignet für	viele Gedichte, z. B. „Wingelwangel" von Josef Guggenmos

Das bereiten Sie vor

Gestalten Sie für die Kinder eine Vorlage mit vielen Rahmen (ca. 6 x 6 cm), in welche die Kinder zeichnen können, sowie eine Gedichtvorlage auf Folie.

Hinweis

Sprechen Sie zunächst mit den Kindern über Comics.
Welche Merkmale haben sie?

So geht es

Legen Sie die Vorlage auf den Overheadprojektor und tragen Sie das Gedicht vor. Lassen Sie daraufhin die einzelnen Strophen von Kindern vorlesen. Anschließend sprechen Sie mit den Kindern im Unterrichtsgespräch über den Inhalt. Die Kinder sollen sich nun im Partnergespräch überlegen, wie sie die Handlung in Bilder umsetzen könnten. Sammeln Sie im Anschluss die Ideen an der Tafel.
In Einzelarbeit malen die Kinder nun das Gedicht als Comic auf.
Dabei müssen sie sich nicht an das Reimschema oder den Originaltext halten, sondern dürfen die Handlung mit ihren eigenen Worten wiedergeben und wörtliche Rede einbringen.
Die Ergebnisse können die Kinder z. B. in der Präsentations-Ecke ausstellen oder gesammelt als Klassen-Comics in die Freiarbeits-ecke als Lesematerial stellen.

57 Gedichte-Kino in Schuhkartons

Lernziel	einen Handlungsverlauf in Bilder umsetzen
Klassenstufe	2.–4. Schuljahr
Sozialform	Partnerarbeit
Material	Textvorlage für jedes Kind, DIN-A4-Papier, Schuhkartons, Scheren, Kleber, Stifte, Wachsmaler, Tonpapier, Taschenlampen, Butterbrotpapier
Geeignet für	die meisten Gedichte, z. B. „Das Sams – wann kommt es?“ von Paul Maar

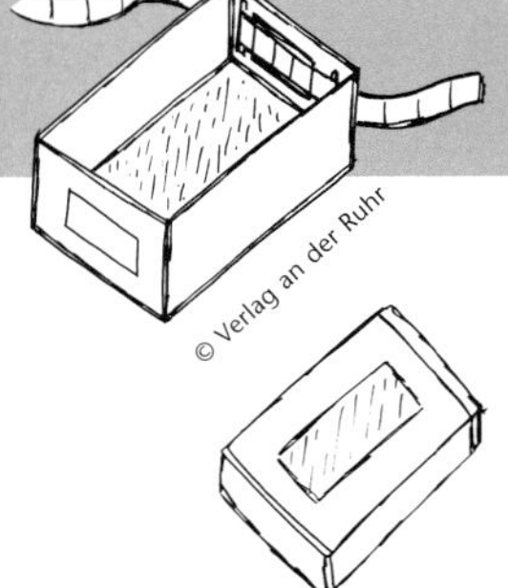

Das bereiten Sie vor

Basteln Sie ein oder zwei Schuhkarton-Kinos.
Bereiten Sie die benötigten Materialien vor.

So geht es

Die Kinder dürfen zunächst das Schuhkarton-Kino betrachten. Bevor Sie die Gedichte erhalten, zeigen Sie ihnen, wie sie ein Filmband herstellen, in dem sie ein DIN-A4-Papier der Breite nach halbieren und mehrere Längsstreifen aneinanderkleben. Erklären Sie den Kindern, dass sie bei der Arbeit am Film Folgendes beachten müssen:

- Jedes Bild muss die Maße des Schuhkartons berücksichtigen.
- Jeder Film beginnt mit dem Titel und dem Verfasser des Gedichtes.
- Auf der zweiten Seite werden die Filmemacher vorgestellt.
- Jedes Bild reiht sich ohne Lücken an das nächste.

Nun erhalten die Kinder das Gedicht und die benötigten Materialien. Sie besprechen zunächst den Inhalt des Gedichtes und überlegen sich, zu welchen Textstellen sie ein Bild malen können. Diese gestalten sie gemeinsam. Für die Präsentation werden jeweils ein Beleuchter und ein Vorleser bestimmt. Der Beleuchter zieht den Filmstreifen weiter und leuchtet mit der Taschenlampe durch den mit Butterbrotpapier verkleideten Deckel die Leinwand an.

Variante

Geben Sie den Gruppen unterschiedliche Vorlagen, zu denen sie arbeiten.

Gedichte in einem Wort

Lernziel	einen Text in eine Kernaussage übertragen
Klassenstufe	1.–4. Schuljahr
Sozialform	Einzel- oder Partnerarbeit
Material	Textvorlage für jedes Kind, Papier/Plakate, Stifte, Perlen, Muscheln, Sand, Kastanien, Blätter, Lametta etc.
Geeignet für	alle Gedichte

Das bereiten Sie vor

Bereiten Sie eine Textvorlage für die Kinder vor, und stellen Sie alle Materialien bereit.

So geht es

Die Kinder lesen das Gedicht und überlegen sich, wie dessen Botschaft oder Kernaussage lautet. Diese sollte dabei in einem Wort zusammengefasst werden.

Welches Wort stellt die Botschaft am besten dar?
Freundschaft? Mut? Herbst?

In Partnerarbeit tauschen sich die Kinder über ihre Meinungen aus. Anschließend gestalten sie eine besondere Seite zur Bedeutung des Gedichtes. Dabei verwenden sie zur Ausgestaltung des Wortes neben Stiften auch weitere Materialien wie z. B. Sand oder Bohnen. Anschließend schreiben die Kinder eine kleine Erläuterung, weshalb sie sich für diesen Begriff entschieden haben.
Lassen Sie die Kinder ihre Ergebnisse in einem kurzen Blitzlicht den anderen vorstellen.

59 Schreibgestaltung

Lernziel	den Inhalt/die Bedeutung eines Gedichtes durch Schreibgestaltung verdeutlichen
Klassenstufe	2.–4. Schuljahr
Sozialform	Einzel- und Kleingruppenarbeit
Material	Textvorlage für jedes Kind, DIN-A4-Papier, ggf. ein Beispielgedicht der konkreten Poesie auf Folie, OHP
Geeignet für	die meisten Gedichte, z. B. Timm Ulrichs „ordnung – unordnung" oder die Bildgedichte Paul Maars in „Jaguar und Neinguar"

Hinweis

Die optische Gestalt eines Gedichtes spielt bei modernen Gedichten oft eine große Rolle. Die konkrete Poesie (S. 89) spielt im Besonderen mit der Gestaltung der Wörter.

Das bereiten Sie vor

Bereiten Sie die benötigten Materialien vor.

So geht es

Stellen Sie den Kindern ein Bildgedicht, z. B. von Paul Maar, vor.
Was kennzeichnet dieses? Verteilen Sie ein „normales" Gedicht an die Kinder. Lassen Sie die Kinder dieses zunächst still lesen. Sammeln Sie mit den Kindern im Blitzlicht spontane Äußerungen. Geben Sie, sobald sich die Aussagen wiederholen, verschiedene Kriterien (Stimmung des Gedichtes, Schlüsselwörter, schwierige Wörter/Fremdwörter etc.) vor.
Notieren Sie die Kernaussagen als Cluster an der Tafel.
Besprechen Sie anschließend, inwieweit die Kinder denken, dass man die Bedeutung des Gedichtes anhand von schriftlicher Gestaltung herausarbeiten könnte.

Inwieweit ließe sich mit Farbe der Schrift, Schriftstärke oder Schriftform der Ausdruck eines Gedichtes verstärken?

Geben Sie den Kindern anschließend Zeit, um das Gedicht abzuschreiben und grafisch umzusetzen. Nach der Gestaltungsphase folgt eine Vorstellung der Ergebnisse in Kleingruppen.
In einem anschließenden Gespräch können Sie die unterschiedlichen Gestaltungsweisen thematisieren. Dabei sollten die verschiedenen Lösungen als gleichwertig nebeneinandergestellt werden, weil jede eine individuelle Lesart eines Gedichtes zeigt und demnach nicht „falsch" oder „richtig" sein kann.

Beispiele

- Die Kinder markieren wichtige Wörter oder Aussagen.
- Die Kinder setzen die Bedeutung einzelner Wörter grafisch um (ein Wort wie „Vogel" kann zum z. B. als „V" geschrieben werden).
- Die Umsetzung in ein Gedicht der konkreten Poesie.

© Salome P. Mithra

60 Foto-Gedichte

Lernziel	einen Handlungsverlauf nachstellen und in Bildern festhalten
Klassenstufe	2.–4. Schuljahr
Sozialform	Gruppenarbeit
Material	Textvorlage für jedes Kind, Tonpapier, ggf. weitere Bastelmaterialien und Kostüme, Fotoapparat
Geeignet für	eignet sich besonders für Balladen und „Max und Moritz" von Wilhelm Busch

Das bereiten Sie vor

Bereiten Sie die benötigten Materialien vor.

So geht es

Die Kinder wählen sich in Gruppen ein Gedicht aus, welches sie mit Fotos illustrieren möchten. Die Gruppen schreiben zunächst ihre Ideen auf, wie sie den Inhalt des Gedichtes darstellen könnten. Sie überlegen weiterhin, ob sie den Inhalt etwas ausweiten wollen und das Gedicht genauer oder über den Schluss hinaus erzählen möchten.
Bevor sie mit dem Fotoapparat arbeiten, verteilen sie die Rollen untereinander. Wer fotografiert? Gibt es Kostüme, die wir mitbringen könnten? Haben wir alle Utensilien bzw. genügend Zeit, diese zu basteln?
Zunächst üben die Kinder die verschiedenen Positionen für die Bilder ein. Immer ein Kind kontrolliert die Stellungen der Mitspieler und korrigiert diese. Nun fotografieren die Kinder die einzelnen Szenen.
Entwickeln Sie die Bilder, oder drucken Sie diese aus.
Die Kinder sortieren die Bilder nun und schreiben die jeweiligen Verse zu den Bildern auf. Die Kinder bündeln die einzelnen Seiten zu einem Buch, und präsentieren dieses den anderen Schülern.

Differenzierung

 Fotografieren Sie selbst die Schüler.

 Stellen Sie mit den Kindern eine Powerpoint-Präsentation zusammen.

Gedicht-Bild-Collagen 61

Lernziel	Stimmungen von Gedichten in Bildern visualisieren
Klassenstufe	1.–4. Schuljahr
Sozialform	Einzel- oder Partnerarbeit
Material	Textvorlagen für jedes Kind, Papier, Tonpapier, Stifte, Lineal, Postkarten, Fotos, alte Kalenderbilder, Internet, PC
Geeignet für	viele Gedichte, z. B. „Der Herbstwind rüttelt die Bäume" von Heinrich Heine

Das bereiten Sie vor

Stellen Sie die Materialien bereit.

So geht es

Die Kinder erhalten den Auftrag, zu einem Gedicht ein passendes Bild zu finden. Die Kinder versuchen dabei, die Stimmung des Gedichtes in den Bildern wiederzufinden. Dabei kann es sich um Kunstdrucke, Fotos, aber auch Grafiken handeln. Geben Sie den Kindern auch die Möglichkeit, im Internet nach Bildern zu suchen.
Haben sie ein passendes Bild gefunden, dürfen sie entweder das Gedicht auf das Bild schreiben oder kleben, oder um dieses einen passenden Rahmen gestalten und das Gedicht auf die Rückseite schreiben.
Auf ein weiteres Blatt schreiben sie, welche Stimmung sie einfangen wollten, und begründen, warum das Bild besonders gut zum Gedicht passt.

Varianten

- Statt die Stimmung zu illustrieren, dürfen die Kinder Bezug auf eine bestimmte Textstelle nehmen.
- Die Kinder dürfen mit einem Fotoapparat selbst auf die Suche nach passenden Motiven gehen.

Die Kinder suchen im Internet nach passenden Bildern (Urheberrechte beachten), tippen das Gedicht ab und hinterlegen dieses mit dem Bild. Abschließend werden diese ausgedruckt.

62 Collage

Lernziel	zu einem Gedicht eine Collage erstellen
Klassenstufe	1.–4. Schuljahr
Sozialform	Einzelarbeit
Material	verschiedene Gedichte, Zeitschriften, Zeitungen, Tonpapier, Stifte, Schere, Klebestift, alte Gedichte- oder Bildkalender, Comics, alte Postkarten, Plakate, Gedichtbücher
Geeignet für	alle Gedichte, z. B. „Der Reisepudel Archibald" von James Krüss

Das bereiten Sie vor

Suchen Sie für die Kinder verschiedene Gedichte heraus, oder stellen Sie Kinder-Gedichtbücher zur Verfügung. Legen Sie alle Materialien für die Arbeitsphase bereit.

Tipp

Lassen Sie die Kinder die verschiedenen Materialien mitbringen.

So geht es

Die Kinder orientieren sich in einer Stillarbeitsphase und verschaffen sich einen Überblick über die verschiedenen Gedichte. Lassen Sie den Kindern ausreichend Zeit, verschiedene Gedichte zu lesen und sich in diese zu vertiefen. Dabei entscheiden sich die Kinder für ein Gedicht, zu welchem sie arbeiten möchten.

Nun gestalten die Kinder zu dem von ihnen gewählten Gedicht eine Collage. Hierfür schreiben sie zunächst den Text auf ein Plakat und sammeln aus Zeitschriften etc. passende Bilder, Überschriften, Wörter, Artikel usw. Diese kleben sie um das Gedicht.

Abschließend schreiben die Kinder ggf. noch einen kurzen Argumentationstext, in welchem sie ihre Wahl der einzelnen Elemente erläutern und begründen.

In einer Präsentationsphase können die Kinder ihr Gedicht vortragen (s. a. Vortrags-Pult, S. 13) und ihre Collage präsentieren.

Gedichte im Fühlkasten 63

Lernziel	Gedichte mit Gegenständen in Verbindung bringen.
Klassenstufe	1.–4. Schuljahr
Sozialform	Stationslauf
Material	Textvorlage als Ausdruck für jedes Kind (Laufzettel), Fühlkästen
Geeignet für	die meisten Gedichte, z. B. „Eine berühmte Prinzessin" von Karlhans Frank oder „Vermutung" von Dieter Mucke

Das bereiten Sie vor

Bereiten Sie einen Laufzettel mit mindestens acht Gedichten vor, die sich in ihrer Thematik sehr unterscheiden. Basteln Sie zudem sechs Fühlkästen, und füllen Sie diese jeweils mit passenden Gegenständen.
Handelt ein Gedicht vom Herbst, legen Sie z. B. Laub oder Kastanien hinein. Handelt ein Gedicht von einer Katze, können Sie z. B. eine kleine Spielmaus in den Kasten legen. Die Gegenstände müssen nicht direkt im Gedicht vorkommen, aber mit dem Thema assoziierbar sein.
Bauen Sie nun den Stationslauf auf.

Hinweis

Sie können sowohl unbekannte als auch den Kindern bekannte Gedichte zusammen verwenden.

So geht es

Die Kinder lesen zunächst alle acht Gedichte. Anschließend dürfen sie an den Stationen im Fühlkasten fühlen. Nun müssen die Kinder das Gefühlte mit einem der Gedichte in Verbindung bringen.

Zu welchem Gedicht passt der Inhalt am besten und warum?

Auf dem Laufzettel notieren die Kinder Station und Gedicht sowie ihre Begründung, weshalb sie sich so entschieden haben.
Vergleichen Sie die Lösungen der Kinder miteinander im Stuhlkreis. Regen Sie die Kinder zum Diskutieren an, denn unterschiedliche Assoziationen sind möglich und richtig, sollten jedoch begründet werden können.
Lassen Sie die Kinder überlegen, mit welchen Dingen sie die Fühlkästen der anderen Gedichte bestückt hätten.

64 Gedichte in Ton und Knete

Lernziel	ein Gedicht plastisch darstellen
Klassenstufe	1.–4. Schuljahr
Sozialform	Einzel- und Partnerarbeit
Material	Textvorlagen für jedes Kind, Ton oder Knete
Geeignet für	alle Gedichte

Das bereiten Sie vor

Wählen sie zwei bis drei Gedichte aus, die entweder ähnliche Themen oder Stimmungen vermitteln, oder die sehr konträr zueinander sind. Bereiten Sie die Gedichte für die Kinder vor und stellen Sie Knete oder Ton zur Verfügung.

So geht es

Die Kinder lesen zunächst still die Gedichte und sprechen mit ihrem Sitznachbarn kurz über den Inhalt und die Wirkung der Gedichte.
Nun überlegt sich jedes Kind, wie es ein Gedicht als Plastik festhalten will.

Möchte es die Stimmung eines Gedichtes einfangen, seine Hauptfigur formen, eine Szene darstellen, den Handlungsort gestalten oder ein abstraktes Symbol für das Gedicht erfinden?

Nachdem die Kinder ihre Plastik ausgestaltet haben, schreiben sie in ein paar kurzen Sätzen, was die Plastik darstellt und warum sie sich für diese entschieden haben.
Die Kunstwerke können anschließend mit dem Originalgedicht und dem Interpretationstext in einer Art Galerie allen zugänglich gemacht werden oder in der Präsentationsecke (S. 14) ausgestellt werden.

Varianten

- Besprechen Sie mit den Kindern lediglich ein Gedicht.

  Was könnte dargestellt werden?

  Sammeln Sie die Vorschläge zunächst im Brainstorming an der Tafel. Anschließend gestalten die Kinder viele der Elemente, welche abschließend zu einem großen Gesamtkunstwerk zusammengefügt werden können.

- Lassen Sie die Kinder ihre Exponate im Sitzkreis präsentieren. Die „Besucher" versuchen zunächst, die Plastik mit einem Gedicht in Verbindung zu bringen und begründen ihre Entscheidung. Abschließend äußert sich der Künstler zu seinem Kunstwerk.

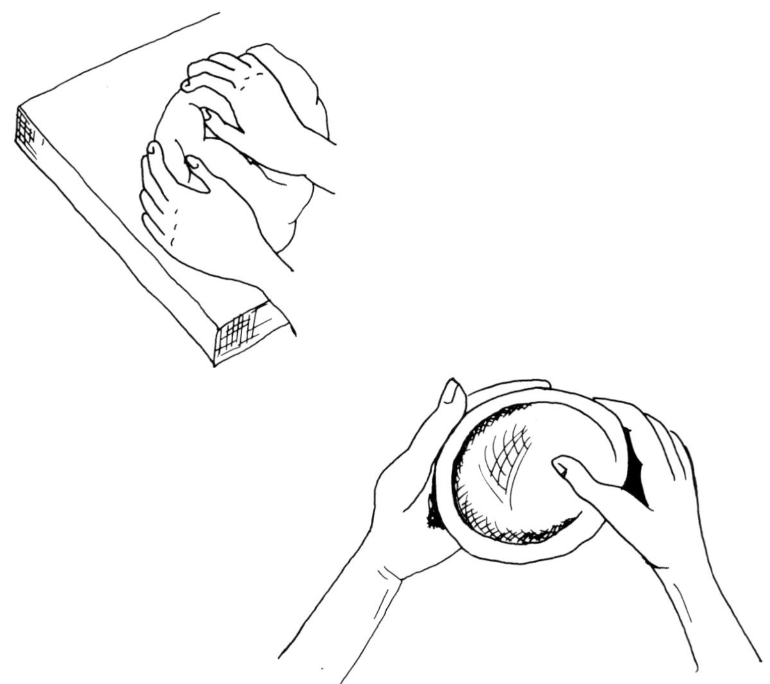

65 Dekorative Geschenke

Lernziel	ein Gedicht wertschätzen und gestalten
Klassenstufe	1.–4. Schuljahr
Sozialform	Einzel- und Partnerarbeit
Material	Textvorlagen für jedes Kind, verschiedene Bastelmaterialien, siehe unten
Geeignet für	alle Gedichte

Das bereiten Sie vor

Bereiten Sie jeweils ein Ansichtsmaterial als Muster vor, damit die Kinder ein Beispiel für das Endergebnis sehen können, und stellen Sie die jeweilig benötigten Materialien bereit.

a Bunte Gedichte im Windlicht

Material: Gurkengläser o. Ä., Kleister, Pinsel, Transparentpapier in allen Farben, wasserfester Filzstift, Teelichter

So geht es

Dies eignet sich besonders für Herbstgedichte. Lassen Sie die Kinder ihr Gedicht zunächst auf weißes oder gelbes Transparentpapier schreiben. Dabei sollten die Kinder darauf achten, dass es auf die Fläche des Glases passt. Anschließend kleben die Kinder dieses vorsichtig mit etwas Kleister auf das Glas. Nun wird das restliche Glas mit zwei bis drei Schichten bunter Transparentpapierschnipsel beklebt. Achtung: Auf das Gedicht sollten ebenfalls Schnipsel geklebt werden, jedoch sollte man hierbei auf hellere Farben und weniger Schichten zurückgreifen, sodass dieses durch das Licht des Teelichtes hindurchleuchtet.

Variante

Lassen Sie die Kinder das Gedicht auf eine Butterbrottüte schreiben. Diese wird etwas zerknittert, anschließend etwas geglättet und in diese ein kleines Marmeladenglas mit Teelicht gestellt.

b Gedichte im Bilderrahmen

Material: Bilderrahmen für jeden Schüler, Bastelkleber, ggf. Heißklebepistole, Holzkleber, verschiedene Utensilien (z.B. Muscheln, Knöpfe, Perlen, Äste), ggf. Plaka-Farbe und Pinsel

So geht es

Die Kinder gestalten einen Bilderrahmen passend zu einem Gedicht, dass sie in Schönschrift abgeschrieben haben. So entstehen stilvolle oder knallige Hingucker, welche ein Gedicht richtig in Szene setzen können.

c Gedichte als Lesezeichen

Material: Tonpapier, Laminierfolie, Laminiergerät, Schere, Cutter, Bleistift

So geht es

Die Kinder schreiben jeweils ein Gedicht auf einen schmalen Streifen.
Der Streifen sollte am oberen Rand ca. drei bis vier Zentimeter freibleiben.
Hier kann zunächst mit Bleistift eine Schneidelinie markiert werden.
Nun kann auf den oberen Bereich ein kleines Bild gemalt oder geklebt werden.
Anschließend werden die Streifen laminiert und ausgeschnitten.
Zum Abschluss wird die markierte Stelle mit dem Cutter eingeschnitten.

Tipp

Bereiten Sie für die Schüler eine Schablone vor.

Variante

Sie können die Kinder auch Tischsets gestalten lassen, indem Sie die Kinder zu Gedichten malen lassen.

66 Gedicht-Kalender gestalten

Lernziel	zu einem Gedicht basteln und gestalten
Klassenstufe	2.–3. Schuljahr
Sozialform	Einzelarbeit, ganze Klasse
Material	Gedichtbände, Tonpapier, Papier, verschiedene Stifte, Wolle, Wachsmalkreide, Kordel etc.
Geeignet für	alle Gedichte

Das bereiten Sie vor

Bereiten Sie die benötigten Materialien vor.

So geht es

Die Kinder dürfen zunächst auf die Suche nach schönen Gedichten gehen. Dabei sollte jedes Kind mindesten drei Gedichte auswählen. Diese stellen sich die Kinder kurz im Sitzkreis vor. Kommt ein Gedicht mehrfach vor, so wird dieses beiseitegelegt.
Anschließend besprechen Sie mit den Kindern, dass Sie mit ihnen einen Gedicht-Kalender gestalten möchten – für jede Schulwoche ein Gedicht.
Es kann eine Aufgabe an die Schüler sein, herauszufinden, wie viele Gedichte sie dann benötigen. Nun werden ggf. weitere Gedichte gesucht.
Anschließend übernehmen die Kinder jeweils ein bis zwei Gedichte, zu denen sie eine Seite gestalten. Sie können die Aufteilung auf die Wochen zu diesem oder einem späteren Zeitpunkt vornehmen. Jedoch sollten Sie sich kurz davon überzeugen, dass die Kinder nicht z. B. zehn eindeutige Weihnachtsgedichte gewählt haben, da sie sonst von Oktober bis Januar durchweg Gedichte rund um Weihnachten lesen würden.
Im nächsten Jahr können die Kinder nun jede Woche ihren Gedichte-Kalender betrachten und z. B. im Morgenkreis thematisieren.

Variante

Lassen Sie die Kinder Monatskalender, welche sie mit nach Hause nehmen können, selbst gestalten und illustrieren.

Gedichte schreiben (Gedichte-Werkstatt)

67 Elfchen

Hinweis

Elfchen bestehen aus elf Wörtern und werden nach einem festgelegten Muster zu einem ausgewähltem Thema verfasst.

So geht es

Ein Elfchen besteht aus elf Worten in fünf Zeilen:

1. Zeile: ____________
2. Zeile: ____________ ____________
3. Zeile: ____________ ____________ ____________
4. Zeile: ____________ ____________ ____________ ____________
5. Zeile: ____________

Die Regel besagt, dass ein Elfchen sich lediglich an dieses Muster halten <u>sollte</u>. Jedoch kann man auch weitere Regeln für das Schreiben von Elfchen festlegen:

1. Zeile: Das Wort in der ersten Zeile gibt den Leitgedanken vor, z. B. Rumpelstilzchen.
2. Zeile: Beschreibt das Leitwort durch etwas in der entsprechenden Farbe.
3. Zeile: Beschreibt eine Handlung/Ort.
4. Zeile: Enthält eine weitere Informationen (was tut es noch?).
5. Zeile: Ein zusammenfassender, witziger, treffender Abschluss.

Beispiel

Schnee
eine Wolke
aus dem Himmel
fallen sie sachte herab
Schneeflocken

Rumpelstilzchen
brauner Wicht
wohnt im Wald
sucht nach dem Kind
Ärger

Haiku 68

Hinweis

Das Haiku stammt aus Japan. Traditionell thematisieren sie Jahreszeiten- oder Naturthemen.

So geht es

Ein Haiku besteht aus 3 Zeilen mit insgesamt 17 Silben (5–7–5)

Beispiel

Ich riech den Frühling.
Blütenduft und Sonnenschein
lass ich in mein Herz.

Akrostichon 69

Hinweis

Die Anfangsbuchstaben der einzelnen Zeilen ergeben von oben nach unten gelesen ein Wort zu einem bestimmten Thema.

So geht es

Bestimmen Sie das Leitwort, und lassen Sie die einzelnen Buchstaben senkrecht untereinander schreiben. Nun werden Assoziationen zu dem Leitwort gesucht, die mit den Buchstaben des Wortes beginnen.

Beispiel

Herrlich
Ernte
Regen
Bunt
Schnupfen
Tee

70 Rondell

So geht es

Ein Rondell besteht aus der Überschrift und acht Zeilen, wobei die 1., 4. und 7. Zeile identisch sind, ebenso die 2. und 8. Zeile. Hierdurch kehren Inhalte wieder:

1. Zeile: beschreibt das Thema, z. B.: Was gefällt mir an einer Jahreszeit?
2. Zeile: erläutert Zeile 1 näher
3. Zeile: weitere Beschreibung
4. Zeile: Wiederholung der ersten Zeile
5. Zeile: weitere Beschreibung
6. Zeile: weitere Beschreibung
7. Zeile: Wiederholung der ersten Zeile
8. Zeile: Wiederholung der zweiten Zeile

Beispiel

Sommer
Mein Garten ist so schön.
Blumen blühen in voller Pracht.
Die Bienen summen sacht.
Mein Garten ist so schön.
Ich liege auf der Wiese.
Und träume von der Liebe.
Mein Garten ist so schön.
Blumen blühen in voller Pracht.

Konkrete Poesie 71

Hinweis

Die „konkrete Poesie“ konzentriert sich auf den „Eigensinn“ der sprachlichen Elemente. Die Sprache dient hierbei weniger der Beschreibung einer Sache, sondern sie ist selbst Zentrum der eigenen Anschauung. Die Sprache – oder auch nur einzelne Buchstaben oder Zeichen – stellen sich also selbst dar.

So geht es

Stellen Sie den Kindern einige Beispiele vor, und lassen Sie die Kinder kreativ werden.

Beispiel

„Fisches Nachtgesang“

—
- -
— — —
- - - -
— — —
- - - -
— — —
- - - -
— — —
- - - -
— — —
- -
—

Christian Morgenstern 1879–1914

72 Ideogramme und Piktogramme

Hinweis

Ideogramme sind Gebilde aus Wörtern und Buchstaben.
Piktogramme sind Bild- oder Figurengedichte.

So geht es

Stellen Sie den Kindern einige Beispiele vor, und lassen Sie die Kinder kreativ werden.

Beispiele

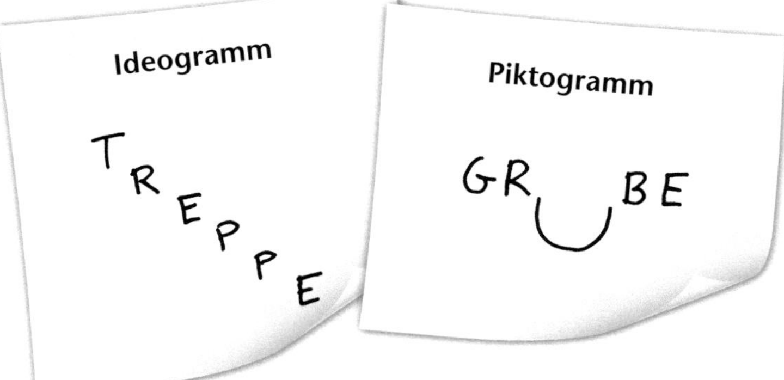

73 Treppengedicht

So geht es

Zu einem bestimmten Thema wird ein Satz geschrieben und in jeder Zeile ein Wort an das andere gehängt. Stellen Sie den Kindern einige Beispiele vor, und lassen Sie die Kinder kreativ werden.

Beispiel

Ich
Ich schnappe
Ich schnappe mir
Ich schnappe mir den
Ich schnappe mir den Käse.

Rautengedicht 74

So geht es

Beim Rautengedicht sind in jeder Zeile die Anzahl der Wörter sowie die Wortart vorgegeben.

1. Zeile (Überschrift):	ein Nomen
2. Zeile:	ein zusammengesetztes Nomen
3. Zeile:	ein zusammengesetztes Nomen und ein Verb
4. Zeile:	ein zusammengesetztes Nomen, ein Verb und Adjektiv (Reihenfolge variabel)
5. Zeile:	ein zusammengesetztes Nomen und ein Verb
6. Zeile:	ein zusammengesetztes Nomen
7. Zeile:	ein Nomen

Beispiel

Pfirsich
Pfirsichhaut
Pfirsichhaut ist
Pfirsichhaut ist weich
Pfirsichhaut fehlt
Pfirsichhautlos
Nektarine

75 Klebegedichte

Lernziel	kreative Gestaltungsweisen von Gedichten erproben
Klassenstufe	1.–4. Schuljahr
Sozialform	Gruppenarbeit
Material	Zeitschriften, Zeitungen, Prospekte, Schere, Kleber, Papier

Das bereiten Sie vor

Legen Sie alle Materialien bereit.

So geht es

Zunächst schneiden die Kinder wahllos Wörter, Sätze oder Überschriften aus den Zeitschriften und Zeitungen. Aus Worten gestalten die Kinder ein Gedicht, puzzeln es zusammen und kleben es auf ein Papier. Anschließend stellen Sie ihre Ergebnisse den anderen Kindern vor.

Varianten

- Die Kinder können auch in Einzelarbeit arbeiten.
- Die Kinder können Übergänge und fehlende Wörter dazuschreiben, um diese sprachlich zu verfeinern.

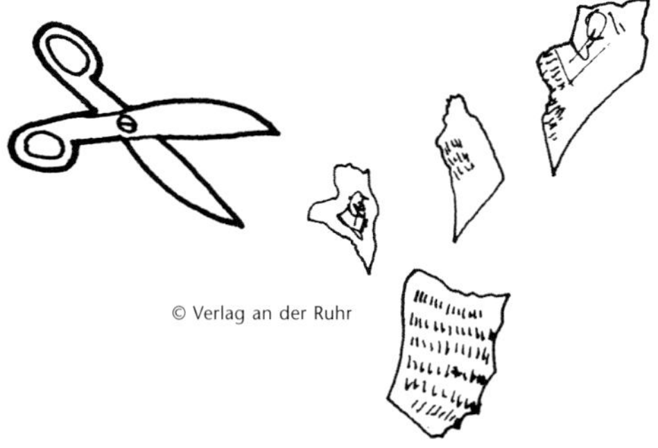

Wortgedichte 76

Lernziel	zu Schlüsselwörtern ein Gedicht schreiben
Klassenstufe	1.–4. Schuljahr
Sozialform	Einzel- und Partnerarbeit
Material	evtl. Wörterlisten als Ausdruck für jedes Kind.
Geeignet für	alle Gedichtformen, z. B. Treppengedicht, Rondell etc.

Das bereiten Sie vor

Bereiten Sie die gewünschten Schlüsselwörter für die Gedichte vor.

So geht es

Die Kinder verfassen zu vorgegebenen Worten selbst Gedichte. Sie können hierzu zu einem Thema mit den Kindern Begriffe an der Tafel sammeln.
Unter der Bedingung, mindestens drei bis fünf Begriffe in dem eigenen Gedicht unterzubringen, beginnen die Kinder nun die Arbeitsphase.
Stellen Sie hierfür den Kindern gegebenenfalls eine Gedichte-Werkstatt zur Verfügung.
Wenn die Kinder mit ihren Gedichten fertig sind, können Sie sich in einer Gedichte-Werkstatt (ab S. 85) zusammentun und sich austauschen, Änderungen einarbeiten und ihre Ergebnisse präsentieren.
Abschließend können die Kinder ihre Gedichte auf Tonpapier in Szene setzen.
Stellen Sie die Gedichte in einer Galerie oder Literaturzeitung (S. 15) aus.

77 Reihum-Gedicht

Lernziel	Gedichte fortsetzen
Klassenstufe	2.–4. Schuljahr
Sozialform	Einzel- und Partnerarbeit
Material	ein Blatt mit einer Gedichtzeile

Das bereiten Sie vor

Bereiten Sie eine Gedichtszeile vor.

So geht es

Geben Sie einem Kind den Gedichtsanfang. Dieses Kind ergänzt nun zwei Zeilen, von denen sich die erste auf die vorherige reimen muss. Die zweite hingegen ist unabhängig von dieser, und muss sich nicht reimen. Hat das Kind seine zwei Zeilen ergänzt, wird das Gedicht weitergegeben an einen Mitschüler. Dieser ergänzt nach den gleichen Regeln wiederum zwei Zeilen.
Haben alle Kinder ihre Verse ergänzt, beenden Sie das Gedicht mit einer letzten Zeile. Tragen Sie das Gedicht im Sitzkreis vor.

Varianten

- Lassen Sie die Kinder jeweils ein Wort schreiben und es dann weitergeben.
- Geben Sie den Kindern jeweils das letzte Wort jeder Zeile vor.

Medientipps

Birgit Brandenburg:
Kinder verstehen Gedichte: Frühlings- und Sommergedichte.
Kl. 2–4, Verlag an der Ruhr, 2007.
ISBN 978-3-8346-0265-7

Birgit Brandenburg:
Kinder verstehen Gedichte: Herbst- und Wintergedichte.
Kl. 2–4, Verlag an der Ruhr, 2007.
ISBN 978-3-8346-0264-0

Claus Forytta:
Lehrer-Bücherei Grundschule: Kindergedichte erleben und verstehen.
Kl. 1–4, Cornelsen Scriptor 2003.
ISBN 978-3-589-05079-6

Andrea Geffers:
Die große Weihnachts-Gedichte-Werkstatt. Lyrik erleben, gestalten, präsentieren.
Kl. 2–4, Verlag an der Ruhr, 2010.
ISBN 978-3-8346-0694-5

Andrea Geffers:
Vorlesetheater – das Praxisbuch.
Unterrichtsvorschläge, Materialien und Vorlesestücke.
Kl. 1–4, Verlag an der Ruhr, 2009.
ISBN 978-3-8346-0424-8

Josef Guggenmos:
Was denkt die Maus am Donnerstag?
121 Gedichte für Kinder.
dtv junior, 2001.
ISBN 978-3-423-70638-4

Salome P. Mithra:
77 Methoden für den aktiven Umgang mit Texten.
Kl. 1–4, Verlag an der Ruhr, 2010.
ISBN 978-3-8346-0689-1

Gudrun Schulz:
Lehrer-Bücherei Grundschule: Umgang mit Gedichten.
Kl. 1–4, Cornelsen Scriptor 2009.
ISBN 978-3-589-05145-8

Petra Selnar:
Kinder begegnen Gedichten.
Kl. 1–4, Oldenbourg, 1998.
ISBN 978-3-6379-8657-2

Claudia Standfest:
Lese-Kommissare knacken jeden Text.
Mit 8 Strategien die Lesefähigkeit erweitern.
Lesekompetenzstufen 1/2 und 3/4.
Kl. 1–4, Verlag an der Ruhr, 2010.
ISBN 978-3-8346-0615-0 (Kl. 1/2)
ISBN 978-3-8346-0616-7 (Kl. 3/4)